GESTIÓN LEAN y ÁGIL

de proyectos

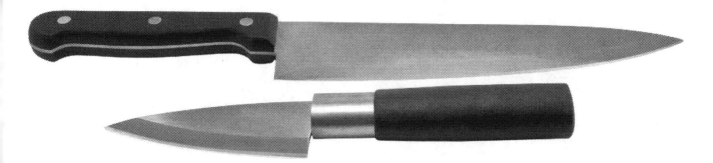

Datos de catalogación bibliográfica
Pablo Lledó
Gestión Lean y Ágil de Proyectos:

1. Administración. 2. Management.

Editor: Pablo Lledó

Fotos e Imágenes
Carátula © Samanta Gallego
Figuras © Paul Leido
Pantallas © @Risk en Anexo A
Pantallas © Ms Project en Anexo A

Anexo B: Cecilia Boggi
Anexo C: Esteban Zuttion

Versión 2.2

Compra este libro en línea en www.trafford.com
o por correo electrónico orders@trafford.com

La mayoría de los títulos Trafford también están disponibles
en las principales tiendas de libros en línea.

Impreso en los Estados Unidos.

ISBN: 978-1-4907-3975-5 (sc)
ISBN: 978-1-4907-3974-8 (e)

Trafford rev. 06/24/2014

Trafford
PUBLISHING®   www.trafford.com
North America & international
toll-free: 1 888 232 4444 (USA & Canada)
fax: 812 355 4082

Dedicado a Marcela, Máximo, Martín y Salvador

Índice de Contenidos

MÓDULO III

ANEXOS

Acerca del Autor

Master of Science en Evaluación de Proyectos, Finanzas e Inversiones, University of York.

PMP®, Project Management Institute, USA.

MBA en Dirección de Proyectos, Universidad Francisco de Vitoria.

MBA en Negocios Internacionales, Universitat de Lleida.

Licenciado en Economía, Universidad Nacional de Cuyo.

Profesor Internacional distinguido en Project Management.

PMI Distinguished Contribution Award 2012.

Autor de 8 libros sobre Dirección de Proyectos.

Fundador y Presidente de 4 empresas en marcha.

Capacitación y Consultoría impartida en más de 20 países a más de 15.000 ejecutivos de empresas internacionales.

Si has adquirido legalmente este libro, me puedes contactar por cualquier tipo de duda o comentario a:

pl@pablolledo.com

LinkedIn / Tweeter / Youtube @pablolledo

www.pablolledo.com

Si este libro PDF te llegó sin haberlo comprado, lo puedes adquirir desde www.pablolledo.com por USD 8,90 para contribuir con tu ética profesional.

*El 10% de las ventas de este libro se dona a la **Fundación CONIN**, creada por el Dr. Abel Albino, donde trabajan para quebrar la desnutrición infantil.*

Prólogo

Uno de los autores jóvenes con mayor proyección en el área de proyectos es sin duda mi ex alumno, colega y amigo Pablo Lledó.

Su inagotable capacidad para investigar y publicar materias novedosas de alto interés, nos sorprende con cada libro que edita.

Este libro propone la administración ágil de proyectos como una manera para aumentar la eficiencia en la gestión de proyectos. El enfoque se basa en dos conceptos básicos: valor y desperdicios. Tan importante como maximizar el primero es minimizar el último.

En capítulos muy bien organizados, nos guía con explicaciones claras, múltiples ejemplos, gráficos ilustrativos y, lo más importante, con varios casos (historias) muy interesantes para clarificar cada concepto en la comprensión de la administración ágil de proyectos.

A diferencia de otros libros sobre gestión de proyectos que abundan en el desarrollo de mallas PERT, diagramas de flujo, cartas Gantt y otros, (uno mío entre ellos), este libro es grato de leer, proporciona herramientas reales y efectivas, forma criterio, ayuda al lector con un original "Lecciones aprendidas" al final de cada capítulo, abandonando el típico "Resumen del capítulo" que generalmente aportan nada.

Es definitivamente un libro que todo aquel que quiera especializarse en la gestión total o sólo en una etapa específica de ella, debe no sólo leer, sino usarlo permanentemente como un texto de consulta permanente.

Nassir Sapag Chain

Ingeniero Comercial de la Universidad de Chile

Autor de 20 libros sobre Evaluación de Proyectos

MÓDULO I

FILOSOFÍAS LEAN Y ÁGIL

1 INTRODUCCIÓN

Un comienzo no desaparece nunca, ni siquiera con un final.

HARRY MULISCH (1927-?)
Escritor holandés

Antes de comenzar nos gustaría dejar claro que este libro tiene su origen en el pensamiento de grandes autores como:

- James P. Womack, Daniel T. Jones y Daniel Roos, "**The Machine that changes the world**"
- Ronald Mascitelli, "**Building a Project Driven Enterprise**"

Luego de leer estos libros que son "best seller" internacionales, nos llamó la atención que no había nada similar escrito en español y fue así que nació el libro "Administración Lean de proyectos" publicado por Pearson Prentice Hall en el año 2006.

Varios años más tarde, nace este libro "Gestión Lean y Ágil de Proyectos" como una edición refinada y actualizada del libro escrito en el 2006. Esperamos que disfrutes al leerlo tanto como me tocó disfrutar al escribirlo.

A lo largo del libro veremos varios casos de aprendizaje, todos ellos reales, pero cambiando nombres y lugares para cuidar la confidencialidad de los involucrados.

Las principales **capacidades** que obtendrás al finalizar esta obra son:

1. **Acelerar** proyectos..., sin agregar costos ni reducir la calidad.

2. Lograr **eficiencia** en la gestión de proyectos, a través de la eliminación de excesos.

Para alcanzar estos objetivos de "velocidad" y "eficiencia" en la dirección de proyectos, los temas que vamos a cubrir a lo largo del libro serán:

- Éxito y fracasos de proyectos
- Evolución de **buenas prácticas**
- Tipos de **tiempos**
- Pensamiento **Lean**
- El Manifiesto **Ágil**
- **Baches** de tiempo
- **Costos** de transacción
- 10 tips para un **Líder Ágil**

1.1 PROYECTO EXITOSO

Tanto el fracaso como el éxito es una cuestión relativa, todo depende de la definición o estándar que queramos utilizar para medir un proyecto.

Si bien las técnicas de administración de proyectos se utilizan desde hace varios siglos, el auge y desarrollo de herramientas específicas comenzó a profundizarse a partir de 1960.

En la década de **1960** se definía al éxito de un proyecto sólo en función a su **calidad**. O sea, un proyecto que cumpliera con los objetivos de calidad preestablecidos se lo definía como exitoso.

Luego, a partir de la década de **1980**, se define a un proyecto exitoso cuando, además de cumplir con la calidad, cumplía con los **plazos y presupuesto** según el plan del proyecto.

Como si esto fuera poco, a partir de **1990**, no alcanza con cumplir la calidad, plazos y presupuesto para el éxito de un proyecto. Sino, que además de estos objetivos mínimos, es necesario que el proyecto cumpla con la **"satisfacción del cliente"**. ¿De qué serviría un proyecto de una calidad excepcional, que se finalizó en el plazo previsto utilizando los recursos preestablecidos, si luego, nadie compra los productos de ese emprendimiento?

A estas cuatro características de proyecto exitoso deberíamos agregar también la **"sostenibilidad o cuidado"**. O sea, no podríamos definir como exitoso un proyecto que cumplió con parámetros técnicos de calidad, cronograma, presupuesto y satisfacción del cliente, si no fuimos capaces de preservar el medio ambiente o los miembros del equipo durante la ejecución del proyecto. Por ejemplo, si el proyecto, para cumplir con los parámetros técnicos fue tan exigente que todos los miembros del equipo terminaron muy desgastados físicamente y/o peleados entre ellos, seguramente no podremos volver a disponer de estas personas en proyectos similares, por lo que la definición de proyecto exitoso podría verse opacada.

Por ende, hasta el día de la fecha, para que un proyecto sea **exitoso** debería cumplir con los siguientes requisitos:

> ✓ **Presupuesto**
> ✓ **Plazo**
> ✓ **Calidad**
> ✓ **Aceptación del cliente**
> ✓ **Sostenibilidad**

 Video - Proyecto exitoso

1.2 FRACASOS DE PROYECTOS

Existen miles de fracasos de proyectos que no cumplieron con alguno de los parámetros mencionados previamente. Veamos tan sólo algunos ejemplos.

La **Opera House** en Sydney es un proyecto del que casi todos los australianos están orgullosos y volverían a realizar si tuvieran la oportunidad, ya que les genera muchas divisas por la afluencia de turistas extranjeros.

Sin embargo, desde la definición técnica de éxito, no podemos decir que fue exitoso, ya que según el presupuesto base habían estimado invertir 7 millones de dólares y el proyecto finalizó con una inversión de 107 millones de dólares. Queda claro que ese error de cálculo de 100 millones de dólares lo coloca en la lista de proyectos no exitosos por incumplimiento del **presupuesto**.

 Video – Opera House

El **Eurotunel** es uno de los miles de proyectos que no supieron cumplir con el **cronograma**.

En base al plan se debería haber entregado en el año 1992, no obstante, tuvieron una demora de dos años, abriendo las puertas al público en el año 1994.

No sólo eso, sino que también tuvieron problemas presupuestarios, ya que el tiempo es dinero. Partiendo de una inversión base estimada en 7.500 millones de dólares, el proyecto finalizó con una inversión de 17.500 millones. Ese desvío de 10.000 millones de dólares fue un costo hundido y bien hundido debajo de toda esa agua, que los inversores no podrán recuperar jamás con la operación del proyecto.

 Video – Eurotunel

El **Tacoma Narrow** Suspension Bridge, también denominado "Puente Galopante" por las fuertes ondulaciones que tenía cuando soplaba viento por la zona, es un excelente ejemplo de fracaso por no cumplir con la **calidad**.

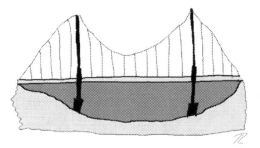

Los técnicos se habían preocupado de cumplir a la perfección tanto con la agenda como con el presupuesto, lo cual respetaron al pie de la letra sin ningún inconveniente.

En relación a la calidad, habían planificado que el puente podría soportar vientos de hasta 120 millas por hora. Sin embargo, un día cuando el viento soplaba tan sólo a 40 millas por hora, el puente comenzó a sufrir fuertes ondulaciones que lo destruyeron por completo. Esta catástrofe ocurrió a los 4 meses después de su inauguración oficial en el año 1940, lo que dio fin al tercer puente más largo del mundo de esa época.

¿De qué nos sirve preocuparnos tanto por los presupuestos y el cronograma, si descuidamos la calidad?

 *Video – Tacoma Bridge*

El **Concorde** fue un avión diseñado para que volara más rápido que el sonido.

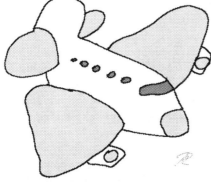

La tecnología utilizada fue admirable, el avión unía la ruta Londres – Nueva York en un poco menos de 4 horas.

Existen tantos negocios entre esas dos ciudades que todos pensaban que sería un gran éxito comercial.

Por ejemplo, un empresario que viviera en una de esas ciudades, podría trasladarse hacia la otra para una reunión presencial y volver a dormir a su casa en el mismo día.

Sin embargo, el proyecto nunca alcanzó "**satisfacción del cliente**". Para que el negocio cubriera su punto de equilibrio de costos operativos, el pasaje de la ruta mencionada tenía que ser vendido a 8.000 dólares como mínimo y el avión debería estar lleno de pasajeros. Al parecer, nunca encontraron tantas personas con ganas de hacer negocios por un valor tan caro del pasaje y en octubre del año 2003 el proyecto cerró sus puertas.

 Video – Concorde

Durante el proyecto de simulacro de corte de energía en **Chernóbil** en 1986, ocurrió uno de los **desastres ambientales** más grandes de la historia.

La explosión de la planta nuclear mató a 33 personas y contaminó como mínimo a otras 600.000 con radiaciones nucleares. Hasta el día de la fecha no están claras las muertes posteriores que ha ocasionado ese gran fracaso de proyecto.

Aunque ese proyecto de corte de planta hubiera estado dentro del presupuesto y el cronograma, queda claro que no fue demasiado exitoso.

1.3 EVOLUCIÓN DE BUENAS PRÁCTICAS

A los fines de mejorar la eficiencia en los proyectos, para estar más cerca de los exitosos, que de aquellos que fracasan, el mundo ha tenido una gran evolución de buenas prácticas.

Si tomamos como referencia los últimos 100 años, el primer cambio drástico en la forma de gestionar proyectos comenzó en la década de **1920** con las enseñanzas de Henry Ford y su modelo de **producción masiva**.

Durante la era "Ford" mejoró muchísimo la eficiencia y productividad, al ordenar los procesos productivos con la especialización y división del trabajo, para que cada departamento de la empresa se especializara en lo que mejor sabía hacer. Estos conceptos ya habían sido pregonados previamente por el Economista estadounidense Frederick Taylor.

Antes de la era Taylor / Ford, cada obrero era el responsable de planear y ejecutar sus proyectos, con mucha libertad para realizar las actividades de la manera que lo creían más apropiado. No estaban organizados por áreas de especialidad, ya que erróneamente se creía que el encargado o jefe, sabía mucho más de cómo hacer las cosas que la suma combinada de sus subordinados.

En la actualidad, varios de los conceptos de producción masiva de la década del 20´siguen arraigados en algunas empresas, quienes mantienen rígidos **departamentos funcionales** en la dirección de sus proyectos.

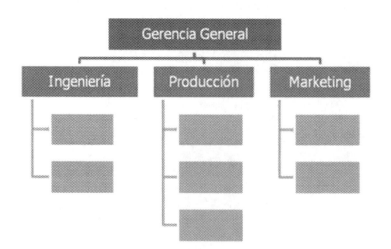

El otro cambio ocurre aproximadamente en **1960**, cuando se empieza a prestar mucha más atención a los procesos para la gestión de calidad de los proyectos. Había llegado la era de la **calidad total** al momento de gestionar cualquier tipo de proyecto relacionado con la producción masiva.

Y estos procesos vinieron de la mano de una **organización matricial**, en lugar de departamentos funcionales independientes. Algunas empresas comenzaron a crear un nuevo departamento funcional denominado PMO (Project Management Office), o por lo menos, nombrar a Directores de Proyectos con la autoridad suficiente para utilizar recursos de los distintos departamentos de la compañía al momento de la ejecución de un proyecto.

Estaba claro que había más chances de tener un proyecto exitoso trabajando con una estructura matricial, en lugar de seguir con estancos funcionales independientes.

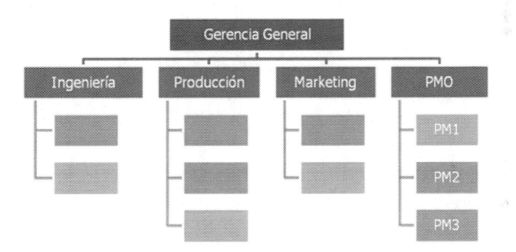

A partir de **1985**, Motorola pone de moda el concepto de **"Six Sigma"**, donde las empresas tenían que seguir mejorando la eficiencia en sus procesos de gestión de calidad. Por ejemplo, si la empresa se dedicaba a la producción de bienes o servicios, solamente podía tener 4 fallas cada un millón de bienes o servicios que salían al mercado.

En esta época se empieza a proponer la "**Ingeniería concurrente**" para que no solamente trabajara el Director de Proyectos con distintas miembros de la organización de manera matricial, sino que también era muy conveniente incluir en las grandes decisiones sobre el proyecto a la alta gerencia, para evitar los constantes cambios que sufrían los proyectos.

Un hito importante de esta era se da cuando el Project Management Institute, la organización sin fines de lucro sobre dirección de proyectos más grande del mundo, lanza al mercado la primera edición del **PMBOK**® [1], donde se deja por escrito que para obtener un proyecto exitoso no alcanza con enfocarse solamente en el área de calidad. Por el contrario, hay que planificar y gestionar los proyectos de manera integral incluyendo procesos en las siguientes áreas del conocimiento: alcance, tiempo, costo, calidad, recursos humanos, comunicaciones, riesgos, adquisiciones e integración.

Aproximadamente en el año **1995** se pone en auge el concepto "**Lean**" debido a los excelentes procesos que estaba implementando Toyota en sus proyectos. Estos conceptos son replicados rápidamente en el resto del mundo y las empresas comienzan a mejorar la eficiencia en sus procesos.

El mundo reconoce que era importante trabajar los proyectos con procesos formales, pero si estos procesos estaban demorando demasiado los proyectos, era necesario pulir o eliminar todos aquellos que no eran necesarios.

Comienzan a desarrollarse proyectos donde tenían que tener en cuenta un intercambio inteligente entre "procesos y control de gestión" vs. "velocidad y valor al cliente". Se busca mantener un **flujo continuo** de valor al cliente sin interrupciones.

Si bien todas las buenas prácticas que se habían desarrollado hasta el momento eran excelentes para la producción masiva, algunas veces se estaba pecando en exceso de procesos, lo que ponía lentos a los proyectos y descuidaba al cliente.

Los conceptos Lean llegan para remover todos esos excesos de programación, para poder enfocarse en llevar valor al cliente lo más rápido posible.

En el año **2001** un grupo de ingenieros informáticos de Utah, Estados Unidos, escribe el Manifiesto **Ágil** para la gestión de proyectos de software.

Estos conceptos rápidamente se hacen populares en el mundo entero y comienzan a ser utilizados no sólo para el desarrollo de software, sino para cualquier otro tipo de proyectos.

---

[1]   Project Management Body of Knowledge. PMBOK es una marca registrada por el Project Management Institute, Inc.

¿Qué hay detrás de estas filosofías Lean y Ágil?

¿Cómo nos pueden ayudar esos conceptos para gestionar cualquier tipo de proyecto, aunque no estemos relacionados con la producción masiva o el desarrollo de software?

Para tener respuestas a estas preguntas, lamentablemente, tendrás que seguir leyendo el resto de este libro. ☺

1.4 TIPOS DE TIEMPOS

Nos guste o no, alguien definió que un día tiene 24 horas y esto se denomina **"tiempo calendario"**.

Ahora bien, de esas 24 horas del día, ¿Cuántas horas podemos trabajar en promedio? ¿8, 10, 12, … 18? No importa cuál sea la respuesta, el tiempo que trabajamos todos los días se denomina **"tiempo trabajado"**.

Por último, el tiempo relacionado con la filosofía Lean, es el **"tiempo valor agregado"**. Para entender este concepto, supongamos que en nuestra oficina nos han colocado una cámara oculta donde nuestro cliente nos observa lo que estamos haciendo. El tiempo valor agregado incluiría solamente aquellas actividades que realizamos por las cuáles el cliente está dispuesto a pagar. O sea, seguramente mucho menor al tiempo trabajado.

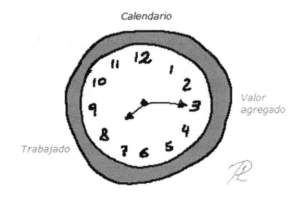

📖 Ejercicio 1 – Tiempo valor agregado

María Pime es una economista que está trabajando en la formulación de un gran proyecto de inversión. Su tarea es la de redactar el estudio de mercado que luego será utilizado para proyectar el flujo de fondos del proyecto.

María: *Ya llevo dos semanas trabajando largas jornadas laborales en este proyecto y la verdad es que estoy avanzando muy poco. ¿Qué me está pasando, por qué tengo tan poca productividad?*

Preocupada por avanzar tan lento en el proyecto, María se pone a revisar con detalle lo que realizó en su última jornada de trabajo de 10 horas.

Suponga que usted es María y complete la tabla a continuación con el tiempo valor agregado.

Actividad	Inicio	Fin	Minutos de valor agregado
Café, diarios, charlas, etc.	8:00	9:00	
Reunión de estado de proyecto	9:00	10:00	
Reunión de planificación	10:00	11:00	
Llamada de un cliente muy hablador	11:00	12:00	
Volver a solicitar la misma información	12:00	13:00	
Almuerzo	13:00	14:00	
Skype, mails, Twitter, LinkedIn, Google+	14:00	15:00	
Tareas domésticas: colegio niños, bancos, etc.	15:00	16:00	
Análisis de estadísticas para el proyecto	16:00	17:00	
Trabajo perdido por no guardar los cambios	17:00	18:00	
TOTAL	**10 horas**		

✋ Dedica 10 minutos a completar la respuesta antes de continuar la lectura.

📖 Respuesta - Ejercicio 1

Recordemos que tiempo valor agregado es solamente aquel tiempo que el cliente está dispuesto a pagar. No importa si lo que hacemos es bueno o malo, productivo o no productivo, simplemente si el cliente paga o no.

Luego de haber realizado este ejercicio con miles de ejecutivos de importantes empresas que trabajan en más de 20 países, hemos tomado como ejemplo una de las tantas respuestas recibidas. Esta respuesta no significa que sea correcta o incorrecta; es solamente un ejemplo bastante real de lo que ocurre en nuestros proyectos.

Actividad	Inicio	Fin	Minutos de valor agregado
Café, diarios, charlas, etc.	8:00	9:00	0
Reunión de estado de proyecto	9:00	10:00	20
Reunión de planificación	10:00	11:00	20
Llamada de un cliente muy hablador	11:00	12:00	10
Volver a solicitar la misma información	12:00	13:00	0
Almuerzo	13:00	14:00	0
Skype, mails, Twitter, LinkedIn, Google+	14:00	15:00	10
Tareas domésticas: colegio niños, bancos, etc.	15:00	16:00	0
Análisis de estadísticas para el proyecto	16:00	17:00	60
Trabajo perdido por no guardar los cambios	17:00	18:00	0
TOTAL	**10 horas**		**120**

Por lo general esa primera hora de la mañana cuando nos empezamos a acomodar con lecturas generales, café, charlas de oficina y otras varias con nula relación a nuestro proyecto, suele ser de 0 valor agregado.

Cuando llega el momento de las reuniones solemos ser bastante ineficientes. Por ejemplo, nunca comenzamos al horario planificado porque nos quedamos esperando hasta que lleguen todos a la reunión. Tampoco hablamos específicamente sobre los temas del proyecto, porque mezclamos otros asuntos durante la orden del día. Damos varias veces vueltas sobre el mismo tema, etc., etc., etc. Colocar 20 minutos de valor agregado en esas reuniones planificadas para una hora, es ser bastante honestos con el cliente.

Cuando nos llama ese cliente charlatán, que nos debería contratar más como psicólogos que como directores de proyectos y para colmo de males no nos paga por hora, podría ocurrir que esa hora que nos acalambró el oído en el teléfono, la podríamos haber resuelto en una charla concisa de 10 minutos que se enfoque específicamente en los temas del proyecto.

Volver a solicitar información que ya debería estar en nuestro escritorio para poder trabajar es, sin ninguna duda, una actividad de 0 valor agregado. Qué bueno sería descubrir alguna fórmula para solicitar la información una sola vez, sin necesidad de estar paseando por los pasillos de la compañía de manera reiterada hasta conseguir esos datos.

A media mañana nos dio hambre y es necesario recuperar fuerzas con un almuerzo que nos despeje un poco. Esa hora de almuerzo es muy necesaria, aunque el cliente no nos pague nada por ese tiempo.

Después de almuerzo nos ponemos al día con los mails y redes sociales, sin embargo, hubo muy pocos temas relacionados con el proyecto durante esa hora que se nos fue del día.

A continuación, realizamos varias tareas domésticas que todos los mortales tenemos que atender, pero lamentablemente, por esa hora nuestro cliente tampoco está dispuesto a pagar.

Ya llevamos 8 horas trabajando en la oficina y nos damos cuenta que del proyecto poco y nada. Por lo tanto, decidimos desconectarnos del mail y todas las redes sociales, apagamos el celular, pedimos a nuestra asistente que no nos pase ningún llamado y nos concentramos solamente en trabajar para el proyecto. Gracias a Dios, aparece una hora completa y sin interrupciones de tiempo valor agregado.

Luego de 9 horas de trabajo, ya estamos tan cansados que nuestro disco rígido mental empieza a ser poco productivo. Luego de una hora en la que creíamos haber estado trabajando, por un descuido y exceso de cansancio, perdemos el trabajo realizado. Sin ninguna duda, el cliente no paga por este error. Seguramente al día siguiente, comenzando bien descansados, eso mismo lo podríamos realizar en pocos minutos.

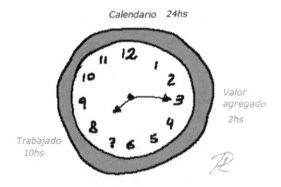

No importa si en tu ejercicio te dio más o menos minutos a los de este ejemplo que acabamos de compartir. Lo importante es que seguramente tu tiempo valor agregado suele ser muy inferior al tiempo trabajado y ese es el principal mensaje que deberíamos llevarnos de este ejercicio.

Si seguimos con el ejemplo de María, ella solamente obtuvo 120 minutos de tiempo valor agregado en un día de 10 horas trabajadas. Si en lugar de 10 horas, el ejercicio hubiera sido para una jornada típica laboral de 8 horas, nos hubiera dado aproximadamente 96 minutos de tiempo valor agregado.

El 10% de 96 minutos, son 9,6 minutos, en números redondos, 10 minutos.

Si este libro nos sirviera para descubrir alguna idea para que agreguemos un **10% adicional de tiempo valor agregado** a lo que hacemos todos los días, en otras palabras, 10 minutos adicionales por día, esos 10 minutos diarios se podrían traducir en lo siguiente:

- Realizar un **10% más de proyectos** con los mismos recursos.

- Obtener un **10% más de rentabilidad** con los mismos recursos.

- Ser un **10% más rápidos** en nuestros proyectos, sin necesidad de agregar más costos o descuidar la calidad.

Te invitamos a que sigamos averiguando en este libro por qué agregamos tan poco valor en nuestro día a día y qué podemos hacer para mejorar esta situación.

1.5 DISTORSIONES PARA AGREGAR VALOR

1.9   Existen cientos de ineficiencias en nuestros proyectos que explican por qué obtenemos tan poco tiempo valor agregado en relación a nuestro tiempo trabajado.

A continuación mencionamos algunos de estos problemas que serán tratados con mayor profundidad a lo largo del libro.

- **Falta de información**: si no tenemos toda la información es muy probable que no podamos entender las necesidades del cliente, o que estemos trabajando un una versión del proyecto que ya no tiene sentido.

- **Cambio de prioridades**: si el proyecto cambia de prioridades de manera permanente, sin que estas sean solicitadas y aprobadas previamente por el cliente, seguramente estamos generando poco tiempo valor agregado.

- **Esperas en colas**: ¿Por qué me invitaron a esa reunión donde estuve sentado dos horas sin participar y donde mi tema se trató en los últimos 10 minutos? ¿Por qué me dejaron esperando en la puerta media hora antes de atenderme? Todos esos tiempos de espera innecesarios no agregan valor.

- **Apagar incendios**: Cuando tenemos estructuras de bomberos voluntarios en nuestros equipos de proyecto, que solamente trabajan en casos de emergencia, enfrentamos serios problemas para poder agregar valor todos los días de manera pro-activa. Estos bomberos trabajan con un esquema re-activo de apagar el incendio cuando ya lo tenemos encima, lo que no es beneficioso para el proyecto, ni para el cliente.

- **Falta de recursos**: Si no tenemos los recursos disponibles en tiempo y forma, el proyecto puede avanzar mucho más lento de lo necesario, entregando poco valor al cliente.

- **Multi-tareas**: Tenemos que entender que es imposible trabajar con más de un proyecto al mismo tiempo. O sea, no podemos patear un córner y jugar de arquero en el mismo momento, ¡o pateamos o atajamos! Las multi-tareas suelen ser muy perjudicial para agregar valor al cliente.

📖 Sentarse 8 horas a pensar frente a su computadora y realizar el informe en la última hora. ¿Cuánto fue el tiempo valor agregado: 1 u 8 horas?

✋ Dedica 2 minutos a pensar la respuesta antes de continuar la lectura.

Varias personas contestan esta pregunta con 1 hora, ya que el resto no sería tiempo que pagaría el cliente si tuviéramos esa cámara oculta que nos observa. Otros contestan 8 horas, ya que el cliente también suele pagar para que pensemos la mejor forma de hacer las cosas. Por último, algunos contestan valores entre 1 y 8 horas, considerando que pensar 7 horas es excesivo y eso mismo se podría realizar en menos tiempo.

No tiene sentido que avancemos con este libro discutiendo temas tales como:

> ¿Cuánto tiempo valor agregado corresponde a pensar?

> ¿Cómo puedo agregar más valor en mis pensamientos?

> ¿Cómo hacemos para que nuestro cliente entienda que pensar es tiempo valor agregado?

En su lugar, consideramos más productivo dedicarnos a discutir aquellos problemas en los cuáles con seguridad no existe tiempo valor agregado desde la perspectiva del cliente. Temas tales como:

- ✓ Estar sentado en **reuniones** innecesarias
- ✓ Estar persiguiendo **información** reiteradamente
- ✓ Cometer errores y **repeticiones** de tareas
- ✓ Obtener múltiples aprobaciones **burocráticas** para poder avanzar con el proyecto

En el próximo capítulo desarrollaremos lo que hay detrás del pensamiento Lean y Ágil desde esta perspectiva de mejorar primero sobre aquellas actividades donde generamos poco o nulo valor agregado.

LECCIONES APRENDIDAS

Un proyecto exitoso es aquel que cumple con el presupuesto, cronograma, calidad, satisfacción al cliente y sostenibilidad.

Las buenas prácticas fueron evolucionando desde la producción masiva con departamentos funcionales, pasando por los procesos de gestión de calidad con estructuras matriciales, llegando en la actualidad a buscar un flujo continuo de valor al cliente con la filosofía lean y ágil.

El tiempo valor agregado que el cliente está dispuesto a pagar por lo que hacemos, suele ser muy inferior al tiempo trabajado, debido a varias ineficiencias como: falta de información, cambio permanente de prioridades, esperas innecesarias, falta de recursos, multi-tareas, etc.

2 PENSAMIENTO LEAN

Los buenos escritores son los que conservan la eficiencia del lenguaje. Es decir, lo mantienen preciso y claro.

EZRA LOOMIS POUND. (1885-1972)
Crítico y poeta estadounidense

Lean Thinking, Lean Production, Lean Manufacturing, Lean Project Management, o simplemente "**Lean**", es una corriente de pensamiento que considera que cualquier tipo de gasto que no tenga relación con agregar valor al cliente, es un desperdicio que debería ser eliminado.

Como vimos en el capítulo anterior, "valor" es todo aquello por lo que el cliente está dispuesto a pagar.

La técnica Lean hace referencia a una filosofía de gestión que nació en la década de los noventa en la industria automotriz japonesa, principalmente en Toyota, por lo que todavía suele denominarse "Toyotismo". Se trata de un sistema simple de organización del trabajo y de gestión de los proyectos, basado en un principio también simple: **preservar el valor al cliente trabajando menos** mediante la eliminación de desperdicios.

El pensamiento "Lean" consiste en una serie de métodos y herramientas orientados a:

- ✓ **Eliminar las pérdidas** por demoras e ineficiencias en los procesos de la organización,
- ✓ Prevenir y **eliminar fallas**, interrupciones y otras pérdidas de producción,
- ✓ Buscar de manera continua la perfección y las **mejoras** de calidad.

La filosofía Lean se puede resumir en cinco **principios fundamentales**:

1. Especificar con precisión el **valor** de cada proyecto
2. Identificar el **flujo** de valor del proyecto
3. Permitir que el valor **fluya** sin interrupciones
4. Permitir que el **cliente** participe en la identificación de "valor"
5. Buscar de manera **continua** la perfección

2.1 ESPECIFICAR EL VALOR

Ponerse del lado del Cliente para evaluar si una actividad crea valor es una prueba crítica de cualquier actividad. El Cliente paga por las cosas que cree que tienen valor. Esto es muy diferente a pensar que ellos compran las cosas que nosotros pensamos que son valiosas.

 Se considera "**Valor**" cualquier cosa por la que un cliente estará dispuesto a pagar. Cualquier actividad que no incremente el precio que pagaría el cliente, **sólo agrega costos al proyecto.**

Las actividades sin valor pueden caer en dos tipos de categorías:

Desperdicios Tipo 1: son actividades parcialmente sin valor, pero aunque el cliente no pague por ellas, las deberíamos seguir realizando porque son necesarias para llevar a cabo un proyecto exitoso. Por ejemplo, realizar un acta de constitución del proyecto, una reunión de avance, un proceso de auditoría de calidad, etc.

Desperdicios Tipo 2: son actividades que carecen de valor agregado y deberían ser eliminadas. Los japoneses los llaman "muda" o frutas podridas. Por ejemplo, acortar el tiempo perdido en reuniones, eliminar procesos burocráticos que ya están obsoletos, disminuir los errores y re-procesos, etc.

📖 Ejercicio 2 – Desperdicios

Leopoldo O'Dowell, un representante de ventas de cuchillos artesanales, se queja por la pérdida de un importante cliente.

<u>Leopoldo</u>: *No lo puedo creer. Nuestros cuchillos no sólo son los de mejor calidad, sino que tienen el mejor embalaje y presentación de todo el mercado. ¡Cómo puede ser que nuestro cliente seleccionó los de la competencia que no traen ningún tipo de embalaje, ni estuche, ni nada y le cobraron el mismo precio que los nuestros!*

Aunque esa firma siempre haya embalado y presentado sus cuchillos con el mejor estuche del mercado, nunca habían consultado con sus clientes que opinaban de ese valor agregado. Desde la perspectiva del cliente, los cuchillos sin estuche eran más convenientes para no tener que pagar sobrepeso al momento de exportarlos a otros países. El cliente, cada vez que compraba esos cuchillos, tenía que destinar recursos a quitar los estuches y tirarlos a la basura.

Para comprender el valor desde la perspectiva del cliente agruparemos las actividades del proyecto en tres categorías:

- **Valor:** todo por lo que el cliente está dispuesto a pagar.

- **Desperdicio Tipo 1**: actividad con poco o nulo valor agregado, pero necesaria para completar las tareas. Agregan costos al proyecto, sin afectar directamente a su precio.

- **Desperdicio Tipo 2:** sin valor agregado. Son las "frutas podridas" o "muda" que deben ser eliminadas.

Nuestro objetivo será el de eliminar los desperdicios Tipo 2 y atacar luego los aspectos que no agregan valor en las tareas con desperdicio Tipo 1.

Marque con una cruz a qué categoría corresponde cada actividad

Actividad	Valor	Desperdicio	
		Tipo1	Tipo2
Dirigir una reunión semanal para la coordinación del equipo			
Perseguir información solicitada el mes pasado que no fue entregada			
Presentación del estado de situación de los proyectos al directorio			
Creación de documentos formales no solicitados por el cliente			
Obtención de múltiples aprobaciones para un documento de avance			
Espera en colas para la obtención de recursos			
Obtención de permiso del gobierno para el inicio de un proyecto			

✋ Dedica 10 minutos a completar la respuesta antes de continuar la lectura.

📖 Respuesta - Ejercicio 2

Luego de haber realizado este ejercicio con miles de ejecutivos agrupados en equipos de 4-6 personas, hemos tomado como ejemplo lo que respondió la mayoría.

Esta respuesta no significa que sea correcta o incorrecta, es solamente un ejemplo, que sirve principalmente para evaluar si hay consenso entre los miembros de un equipo para comenzar a eliminar los desperdicios e ineficiencias de nuestros proyectos.

Actividad	Valor	Desperdicio	
		Tipo1	Tipo2
Dirigir una reunión semanal para la coordinación del equipo		X	
Perseguir información solicitada el mes pasado que no fue entregada			X
Presentación del estado de situación de los proyectos al directorio		X	
Creación de documentos formales no solicitados por el cliente		X	
Obtención de múltiples aprobaciones para un documento de avance			X
Espera en colas para la obtención de recursos			X
Obtención de permiso del gobierno para el inicio de un proyecto	X	X	X

La mayoría de los encuestados respondieron que dirigir una reunión de proyecto suele ser una actividad por la que el cliente no paga, pero muy necesaria para la ejecución del proyecto.

Estar persiguiendo información varias veces hasta conseguirla, suele ser un verdadero desperdicio que deberíamos mejorar.

Presentar el estado del proyecto de manera interna y crear documentos formales, también suelen ser actividades que el cliente no paga, pero necesarias para tener más chances de un proyecto exitoso.

Obtener múltiples aprobaciones burocráticas para poder avanzar con la fase próxima del proyecto, suele ser un exceso. ¿No podríamos conseguir el mismo objetivo de controlar, con un poco menos de burocracia?

Estar esperando en una cola para que llegue mi turno es ineficiente y no agrega valor.

La obtención de un permiso del gobierno suele ser el ítem más discutido. Algunos dicen que es "valor" porque el cliente paga por esos servicios de lobby, otros dicen que es "desperdicio tipo 1" porque hay que realizar esa gestión aunque el cliente no pague. Finalmente, otros dicen que es "desperdicio tipo 2" porque es una burocracia innecesaria que ha creado el gobierno solamente para dar trabajo a funcionarios públicos.

No importa cuál fue tu respuesta en este ejercicio, lo importante es si logras tener consenso con tu equipo de proyecto en los desperdicios que están enfrentando.

Al contrario de lo que opinan otros autores, la forma más simple de empezar a introducir una cultura "lean" en los proyectos es **comenzando por cosas simples** que no tengan demasiada oposición del resto de la organización. No tratemos de empezar con mejoras que creamos que agregará mucho valor al cliente, sino que demos los primeros pasos en aquellos desperdicios donde todos están convencidos que se pueden eliminar.

2.2 DEFINIR EL FLUJO DE VALOR

Ahora que ya tenemos claro qué es valor y qué es desperdicio, tenemos que identificar cuáles son los puntos de valor que genera el proyecto a través del tiempo.

Este flujo de valor se compone de todas las tareas necesarias que deben ser completadas para entregar el producto o servicio al cliente. Muchas de las tareas que emprendemos no agregan ningún valor adicional al cliente por el que estaría dispuesto a pagar.

Creando un "mapa" de la corriente de valor, podemos identificar fácilmente las tareas que agregan valor de aquellas que no agregan valor.

Las tareas que no agregan valor al cliente se consideran desperdicios y deberían eliminarse de la corriente del valor. Por su parte, algunas tareas son desperdicios pero necesarias para poder completar el proyecto en tiempo y forma. El objetivo último del pensamiento Lean será **quitar tanto "muda" del flujo de valor como sea posible.**

¿Ahora bien, cómo identificamos el flujo de valor del proyecto?

Todo conjunto de actividades debería tener un entregable y todo entregable debería tener cliente (interno o externo). Por lo general, si nos enfocamos en los **entregables** del proyecto, estaremos construyendo el flujo de valor.

Por ejemplo, a continuación presentamos un diagrama de Gantt muy simple de un proyecto que tiene 14 actividades. Sin embargo, muchas de esas actividades son "desperdicios tipo 1" y los entregables por los que el cliente está dispuesto a pagar son solamente unos pocos.

Tarea	Duración	Enero Febrero Marzo Abril
Proyecto software	**105 días**	←——————————————→
Firma contrato	**20 días**	←—→
Generación de propuesta	20 días	▬
Reuniones de negociación	15 días	▬
Revisión de contrato	**15 días**	←—→
Finalizar plan ejecución	15 días	▬
Reuniones de revisión	7 días	▬
Definición del proyecto	**20 días**	←—→
Análisis de riesgo	20 días	▬
Reuniones con clientes	10 días	▬
Software implementado	**30 días**	←—→
Búsqueda de datos	15 días	▬
Configurar de base de datos	30 días	▬
Búsqueda de equipamiento	10 días	▬
Testeo	10 días	▬

Si graficáramos solamente el flujo de valor, con aquellos entregables por los que el cliente paga, nuestro proyecto quedaría simplificado de la siguiente forma:

Valor	Duración	Enero	Febrero	Marzo	Abril
Firma contrato	20 días	←—→			
Revisión de contrato	15 días		←—→		
Definición del proyecto	20 días			←—→	
Software implementado	30 días				←—→

Si tuviéramos un proyecto con miles de actividades, seguramente unas pocas sean las que conforman el flujo de valor.

Resumiendo, este principio #2 nos pide que nos enfoquemos en los distintos puntos de valor que genera el proyecto a través del tiempo, sin incluir ningún desperdicio tipo 1 y eliminando cualquier tipo de desperdicio tipo 2.

2.3 EL VALOR FLUYE SIN INTERRUPCIONES

Una vez que hemos diseñado el flujo de valor del proyecto, el principio #3 nos dice que tenemos que permitir que ese **"valor" llegue al cliente lo más rápido posible**. No podemos seguir poniendo palos en las ruedas que retrasan la entrega de los entregables al cliente.

El proceso tradicional en la producción de bienes y servicios se ha construido en una base serial con colas y esperas. Dentro de la filosofía "lean" debemos tomar un camino diferente. Hay que enfocarse en el cliente y acelerar la corriente de valor, diseñada específicamente para satisfacer sus necesidades.

Se debe eliminar "muda" del flujo de valor y reducir el plazo de espera para la entrega del producto o servicio.

Esto significa que debemos reducir los tiempos de demora en el flujo de valor al quitar obstáculos innecesarios en el proceso. Debemos reparar el flujo original y lograr un movimiento continuo del producto a través de la corriente de valor.

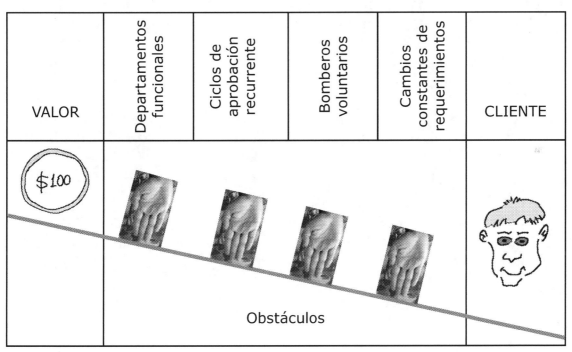

Remover obstáculos desde el inicio del proyecto, nos permitirá:

- ✓ Liberar espacios
- ✓ Reducir stocks
- ✓ Cambiar procesos ineficientes
- ✓ Entender que los empleados no pueden ser multi-funcionales

Algunos de los obstáculos típicos a remover del flujo de valor son:

- ✓ Rigidez de los **departamentos funcionales**
- ✓ **Ciclos** de aprobación recurrentes
- ✓ Equipos de **bomberos** voluntarios que solamente apagan incendios
- ✓ **Cambios constantes** en los requerimientos del proyecto
- ✓ Etc., etc., etc.

> ¿Por qué nos cuesta tanto remover obstáculos que perjudican
> la celeridad del flujo de valor del proyecto?

Veamos a continuación el siguiente caso para comprender que en algunas situaciones no removemos los obstáculos tan solo porque no queremos.

Caso India - Paradigma para no cambiar

En la India cuando quieren que un elefante no se mueva de su lugar, simplemente le atan una cadena con una piedra en su pata. El elefante tiene mucha más fuerza que lo que pesa esa piedra, por lo que podría moverse sin ningún problema. Sin embargo, si el elefante vio la piedra en su pata, ni siquiera intenta moverse de ese lugar.

¿Cómo lograron esto los hindúes?

Cuando el elefante es recién nacido, le atan esa cadena y piedra en su pequeña patita. El elefantito intenta moverse y no puede. A partir de ese momento vive toda su vida con el paradigma de que si le pusieron esa piedra no se va a poder mover y ni siquiera intenta remover esos obstáculos obsoletos.

Conclusión: Intentemos remover las piedras de nuestros proyectos, algo que en algún momento fue necesario en nuestra organización, es muy probable que se haya convertido en muda y simplemente tengamos que eliminarla.

Video – Elefantes

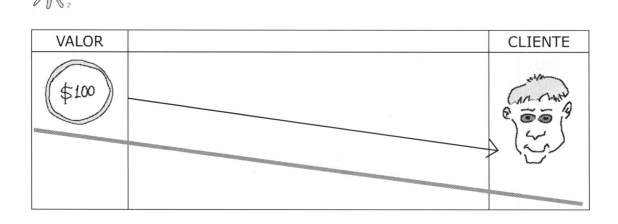

2.4 EL CLIENTE PARTICIPA EN EL VALOR

El principio #4 del pensamiento lean, nos recuerda que tenemos que invitar al cliente a que participe en la definición de lo que agrega valor al proyecto.

Algunas veces los equipos suelen pecar de soberbia creyendo que ellos saben más que el cliente, por lo que podrán resolver todas sus necesidades sin necesidad de consultarles.

En más de una oportunidad se llevaron a cabo proyectos que solamente fueron formulados por equipos de expertos, sin intervención del cliente y luego terminaron con productos o servicios que no tuvieron mercado.

Caso Cuba - Cigarrillo sin humo

La empresa Nabiz había invertido cientos de millones de dólares para desarrollar un cigarrillo sin humo. ¡Qué excelente idea! Ese producto se iba a poder utilizar en lugares públicos, aviones, oficinas, colegios, etc., ocasionando solamente un cáncer interno del que lo fumara, sin perjudicar con el humo a terceros.

¿Pero que dijeron los clientes cuando los técnicos terminaron el producto?

Los clientes que probaron el cigarrillo dijeron que tenían sabor a mierda y olían como un pedo. Además, eran muy difíciles de aspirar, algo que los técnicos denominaban "el efecto hernia".

Durante el proceso de investigación y desarrollo los técnicos tuvieron muy poco contacto con el usuario final, lo que sin dudas fue una mala jugada.

Conclusión: De nada sirve hacer bien lo que no sirve y es el cliente el que tiene que guiar a los técnicos a identificar qué agrega valor al proyecto.

Los equipos de proyectos deberían **permitir a sus clientes que los ayuden a identificar lo que agrega valor.**

Por ejemplo, volviendo al ejercicio #2, de aquella empresa que fabricaba los cuchillos artesanales con el mejor envoltorio del mercado, al cliente jamás se la había preguntado qué opinaba de esos estuches. Si le hubieran preguntado, se hubieran enterado que esos estuches no le servían en lo más mínimo. El productor hubiera ahorrado varios costos y procesos innecesarios, el cliente no se hubiera ido a la competencia y ambos seguramente ganaban más dinero.

También tenemos que recordarles a nuestros técnicos, que la tecnología en sí misma no agrega valor, sino lo que esa tecnología es capaz de resolver en favor del cliente.

Caso USA - Manzana de Newton

Una de las primeras tabletas de bolsillo que salieron al mercado fue la "Apple Newton" en 1993.

El producto tenía muchísima funcionalidad para los usuarios de esa época. Sin embargo, fue considerado un fracaso comercial por el bajísimo nivel de ventas. El producto había sido diseñado "por y solamente para ingenieros informáticos", sin haber consultado demasiado a los usuarios finales al momento de desarrollarlo.

En 1995, Palm Inc. decidió consultar con los usuarios qué es lo que no les gustaba del excelente producto de Apple y la respuesta era simplemente "*es demasiado grande*". Con ese concepto en mente, los técnicos eliminaron muchísima funcionalidad al producto para crear la Palm Pilot, que era simplemente una agenda personal y el producto fue sumamente exitoso.

La revancha llegó en el 2010, cuando Apple lanza el exitoso iPad que revolucionó el mercado y parte del desarrollo se basaba en las Newton, pero esta vez con un claro concepto de entender que no todos los clientes tienen los mismos gustos que los desarrolladores informáticos.

Conclusión: entregar tecnología por sí misma no agrega valor al cliente. Sólo cuando los nuevos métodos o ideas resuelven un problema bien definido para el cliente es cuando agregan valor.

Sólo debemos construir lo que nuestro cliente necesita, cuando lo necesita. De esta manera debemos permitir que nuestro cliente sea nuestro regulador de agendas y que nos guíe en lo que tenemos que hacer.

2.5 BUSCAR LA PERFECCIÓN CONTINUA

El último principio del pensamiento lean nos dice que una vez que ya hemos realizado gestiones para introducir la cultura lean dentro de los proyectos, es necesario **seguir mejorando de manera continua**. Caso contrario, sufriremos la Ley de Entropía que indica que las cosas de este mundo siempre tienden por sí solas a volver a su estado caótico natural.

Por ejemplo, si el día lunes queremos comenzar la semana con nuestro escritorio sumamente prolijo y ordenado, seguramente nos tendremos que esforzar para acomodar cada cosa un su lugar, ordenar, limpiar, etc. Una vez que tenemos todo impecable, comenzamos con el día a día de nuestras tareas de oficina y si durante la semana no hacemos más nada en relación al orden y limpieza, seguramente al finalizar el día viernes ese escritorio volverá a estar tan desordenado como cuando empezamos la semana.

Esto mismo del escritorio le puede pasar a nuestros proyectos, todo lo que hagamos para introducir una cultura lean, se puede perder si no seguimos con la mejora continua día a día.

Existen varios proyectos que han creado productos increíbles, en tiempo record y al mínimo costo. Sin embargo, tarde o temprano se podrían descuidar para volver a caer en los ciclos tradicionales de comenzar-parar-comenzar-parar-...

Un proyecto "lean" requiere vigilancia constante para mantener y mejorar su desempeño, exige disciplina de equipo, una **intolerancia total hacia el desperdicio** de recursos y la **búsqueda permanente de la perfección**.

LECCIONES APRENDIDAS

La filosofía lean nos dice que tenemos que agregar valor mediante la eliminación de ineficiencias y esto se puede conseguir teniendo bien claro cinco principios:

1. Distinguir muy bien la diferencia entre valor (todo por lo que el cliente está dispuesto a pagar) de desperdicios (tipo 1 si lo tenemos que seguir haciendo, o muda si es algo innecesario).

2. Construir el flujo de valor del proyecto a través del tiempo, eliminando todo el muda de ese flujo

3. Remover aquellos obstáculos que me impiden llegar rápido con el valor al cliente

4. Interactuar con el cliente para que ellos también opinen si hay valor o no en el proyecto, no dejar la definición de valor 100% en manos de los técnicos.

5. Buscar de manera continua la perfección para evitar la ley de entropía donde todas las mejoras realizadas en el proyecto podrían volver a su estado natural de ineficiencia.

3 EL MANIFIESTO ÁGIL

*La lectura hace al hombre completo; la
conversación, ágil y el escribir, preciso.*

SIR FRANCIS BACON. (1561-1626)
Filósofo y estadista británico.

En honor a los creadores de la corriente ágil, este capítulo lo vamos a mantener muy corto.

3.1 EL MANIFIESTO

En febrero del año 2001 un grupo de ingenieros informáticos se reunieron en Utah para redactar el Manifiesto Ágil, ya que enfrentaban demasiados problemas cuando querían gestionar proyectos informáticos con las prácticas tradicionales que existían hasta ese momento.

Y de manera simplificada escribieron lo siguiente:

*Estamos descubriendo formas mejores de desarrollar
software tanto por nuestra propia experiencia como
ayudando a terceros. A través de este trabajo hemos
aprendido a valorar:*

Individuos e interacciones *sobre procesos y herramientas*
Software funcionando *sobre documentación extensiva*
Colaboración con el cliente *sobre negociación contractual*
Respuesta ante el cambio *sobre seguir un plan*

*Esto es, aunque valoramos los elementos de la derecha,
valoramos más los de la izquierda.*[2]

---

[2]   http://agilemanifesto.org/iso/es/

Individuos e interacciones: si prestamos más atención a conformar un buen equipo de proyecto y las relaciones humanas entre esas personas, obtendremos mejores resultados que si implementamos todos los procesos y herramientas que dicen los manuales. Por ejemplo, ¿tenemos que aplicar todos los procesos de la Guía del PMBOK®, manual de buenas prácticas para la

dirección de proyectos, a todos los proyectos?[3] La respuesta es un rotundo NO. Si siempre quisiéramos aplicar todos los procesos, los proyectos se pondrán demasiado lentos y burocráticos. Pero es muy importante conocer todos los procesos de la dirección de proyectos, para saber cuáles de esos son los que mejor aplican a cada proyecto en particular.

Software funcionando: en lugar de escribir varias páginas explicando los estados de avance de un proyecto, o cuando lo haremos funcionar, o en qué porcentaje estimado de avance se encuentra; es preferible ver si el software está funcionando o no y dedicar los escasos recursos a hacerlo funcionar, en lugar de estar redactando testamentos explicativos.

Colaboración con el cliente: ¿Sirve estar de manera permanente negociando los términos contractuales? ¿Agrega valor derivar los conflictos al departamento legal de cada una de las partes? Es preferible reconocer que no

hay un contrato perfecto y ambas partes se pueden haber equivocado en su redacción y/o comprensión. Si entendemos que nuestro cliente es un aliado estratégico y logramos mantener una relación fluida de colaboración, los proyectos terminarán más rápido y con mayor valor, en relación a destinar escasos recursos a peleas contractuales.

Respuestas ante el cambio: hay dos verdades en esta vida, todos nos vamos a morir y no existe un solo proyecto que termine exactamente igual a lo que decía su plan original. Tenemos que entender que el plan perfecto no existe. Además el contexto cambia de manera permanente y si queremos realizar el proyecto siguiendo al pie de la letra lo que dice el plan, muchas veces vamos a estrellar el proyecto. Ergo, tenemos que ser flexibles a los cambios que necesita el cliente.

---

[3]   PMBOK y PMI son marcas registradas por el Project Management Institute, Inc.

3.2 PRINCIPIOS

Los cuatro valores detrás de este Manifiesto Ágil también tienen sus **12 principios**:[4]

1. *Nuestra mayor prioridad es satisfacer al cliente mediante la entrega temprana y continua de software con valor.*

2. *Aceptamos que los requisitos cambien, incluso en etapas tardías del desarrollo. Los procesos Ágiles aprovechan el cambio para proporcionar ventaja competitiva al cliente.*

3. *Entregamos software funcional frecuentemente, entre dos semanas y dos meses, con preferencia al periodo de tiempo más corto posible.*

4. *Los responsables de negocio y los desarrolladores trabajamos juntos de forma cotidiana durante todo el proyecto.*

5. *Los proyectos se desarrollan en torno a individuos motivados. Hay que darles el entorno y el apoyo que necesitan y confiarles la ejecución del trabajo.*

6. *El método más eficiente y efectivo de comunicar información al equipo de desarrollo y entre sus miembros es la conversación cara a cara.*

7. *El software funcionando es la medida principal de progreso.*

8. *Los procesos Ágiles promueven el desarrollo sostenible. Los promotores, desarrolladores y usuarios debemos ser capaces de mantener un ritmo constante de forma indefinida.*

9. *La atención continua a la excelencia técnica y al buen diseño mejora la Agilidad.*

10. *La simplicidad, o el arte de maximizar la cantidad de trabajo no realizado, es esencial.*

11. *Las mejores arquitecturas, requisitos y diseños emergen de equipos auto-organizados.*

12. *A intervalos regulares el equipo reflexiona sobre cómo ser más efectivo para a continuación ajustar y perfeccionar su comportamiento en consecuencia.*

Si prestamos atención al primer principio vemos que hay bastante similitud con la filosofía lean: "cliente", "valor", "flujo continuo".

En el otro extremo, el último principio, también es similar a lo que pregona lean: "mejora continua".

---

4   http://agilemanifesto.org/iso/es/principles.html

3.3 TENDENCIAS

En la actualidad, esta corriente del pensamiento "ágil" es más popular que la filosofía "lean", pero en varios puntos podríamos decir que tienen similitudes.

Detrás del pensamiento ágil existen varias herramientas o técnicas específicas para gestionar proyectos de software como por ejemplo:

- ✓ Adaptive Software Development
- ✓ Crystal
- ✓ Dynamic systems development method (DSDM)
- ✓ Extreme Programming
- ✓ Feature-Driven Development
- ✓ **Kanban** - Anexo C
- ✓ Pragmatic Programming
- ✓ **Scrum** - Anexo B
- ✓ Etc., etc., etc.

No es objeto de este libro entrar en detalle sobre ninguna de esas técnicas para la gestión ágil de proyectos de software. En su lugar, lo que haremos será utilizar varios conceptos de la filosofía "lean", desarrollada para proyectos de producción masiva y de la filosofía "ágil", creada para proyectos de desarrollo de software, para analizar ideas simples que nos permitan una gestión más ágil de cualquier tipo de proyectos.

Pero antes de llegar a esa etapa donde obtendremos "tips para un proyecto ágil", veamos en el próximo módulo los típicos problemas e ineficiencias por las que atraviesan nuestros proyectos, o sea, "los pecados capitales".

LECCIONES APRENDIDAS

Los creadores de la filosofía ágil nos invitan a que tengamos cuidado con los conceptos tradicionales tales como:

- ✓ Seguimiento estricto de procesos
- ✓ Documentación escrita extensiva
- ✓ Negociaciones contractuales sin final
- ✓ Intentar cumplir siempre con el plan al pie de la letra

Y en su lugar, nos recomiendan que prestemos mucha más atención a:

- ✓ Las personas y sus interacciones como equipo
- ✓ Si el entregable está terminado o no
- ✓ Una colaboración fluida con el cliente
- ✓ Dar respuestas a los cambios que tendrá todo proyecto

MÓDULO II

LOS PECADOS CAPITALES

4 BACHES DE TIEMPO

Tiempo: lo que los hombres siempre tratan de matar, pero acaba por matarlos.

HERBERT SPENCER. (1820-1903)
Escritor británico

Un bache de tiempo es todo aquello que origina retrasos, que podrían evitarse, en los avances del proyecto.

Los siete pecados capitales en relación a los baches de tiempo en nuestros proyectos son:

1) *Pereza*: Parálisis en la toma de decisiones
2) *Gula*: Ciclos de aprobación recurrente
3) *Avaricia*: Formalidad de documentos
4) *Ira*: Reuniones regulares
5) *Envidia*: Colas
6) *Soberbia*: Dueños de la información
7) *Lujuria*: ¡combinación de algunos de los anteriores!

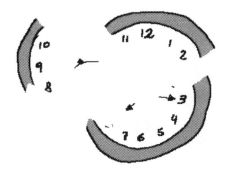

📖 Ejercicio 3 – Baches de tiempo

Ana Jiubetich es miembro de un equipo de proyecto cuya tarea es la de realizar diariamente muestras de suelo en un proyecto de minería, para evitar posibles daños ambientales.

Al final de cada semana, Ana guarda sus muestras en una caja y las envía por correo a un laboratorio cercano. Las muestras esperan en el laboratorio varias semanas porque trabaja por orden de llegada. Cuando les llega el turno, las muestras son testeadas rutinariamente y el laboratorio envía a Ana un informe indicando todos los riesgos significativos de cada lote relevado durante el mes.

Ana: _¡Escuchen Señores! Tenemos que acelerar la ejecución del proyecto porque venimos muy retrasados. Jamás hemos tenido algún problema con las muestras de suelo en esta región, asique no retrasemos más las obras esperando el informe del laboratorio y avancemos con las perforaciones._

Sin embargo, como siempre, la Ley de Murphy aparece en el momento menos indicado. Justo unas pocas semanas antes de la fecha de finalización del proyecto, Ana recibe una mala noticia: las muestras dieron resultado negativo, por lo que no es posible realizar las perforaciones.

Lamentablemente varias perforaciones no deberían haberse realizado porque las muestras no cumplían con los requisitos mínimos ambientales. Peor aún, quedan varias muestras en la cola que también podrían tener resultados negativos. Todas las perforaciones realizadas en las últimas semanas deberán volver a taparse. El proyecto finalizará con un gran sobre-costo y un super retraso.

¿Cuáles son esos baches de tiempo que podrían haberse evitado?

Ordene esos baches de tiempo de manera cronológica.

✋ Dedica 10 minutos a completar la respuesta antes de continuar la lectura.

Respuesta - Ejercicio 3

Seguramente todavía estás culpando a Ana por la mala decisión que tomó al haber avanzado con su proyecto sin esperar los resultados de las muestras de suelo. Pero la verdad es que la pobre Ana realizó lo que varios de nosotros hubiéramos hecho en una situación similar, donde jamás habíamos tenido problemas con las muestras y nuestro proyecto se vería en serios problemas si no lo acelerábamos.

No importa el riesgo que asumió Ana, lo importante de este ejercicio es concentrarnos en los baches de tiempo que muchas veces son la causa raíz de varios de nuestros problemas e ineficiencias.

En primer lugar, están enviando los informes al laboratorio con una frecuencia semanal, en lugar de hacerlo de manera diaria. O sea, algo que podría demorar un día, lo estamos gestionando para que demore una semana.

En segundo lugar, se está utilizando el correo tradicional para enviar las muestras, lo que podría estar generando una demora promedio de una semana, en lugar de pocas horas si se lleva personalmente o con algún servicio de mensajería privada.

En tercer lugar, el laboratorio trabaja con el sistema PODeL (por orden de llegada), asique no revisa las muestras hasta que no les llegue su turno. El tiempo cuenta desde el día que llegaron las muestras al laboratorio y como éste tiene varios clientes, suele demorar un par de semanas para terminar con los otros clientes y empezar a analizar las muestras. Tal vez el laboratorio hubiera aceptado un pago adicional para revisarlas antes que todo el resto y en un par de días nos daba el resultado. ¿Por qué seguir pensando que trabajar con un esquema PODeL es lo más justo?

Por último, el laboratorio envía informes escritos formales con una frecuencia mensual, juntando todos los lotes semanales de la empresa antes de escribir el informe. ¿Por qué no pedirle al laboratorio que nos llame por teléfono apenas vean una muestra defectuosa? Algo similar a lo que haría un oncólogo cuando detecta un tumor. No sería necesaria tanta formalidad escrita, con ese dato preliminar telefónico de muestra con problemas, podríamos dejar en stand-by el proyecto hasta que tengamos mejor información.

Caso Puerto Rico - PODeL

Hace un tiempo atrás llevamos una computadora, que estaba funcionando correctamente, a una empresa para que le agregaran más memoria.

El operario que nos recibe dice que la dejemos allí y pasemos a retirarla en una semana.

¿Una semana? ¿Cómo se van a demorar tanto tiempo en algo tan simple?

No Señor, el servicio que nos solicita se realiza en 15 minutos, pero tenemos muchas computadoras antes de la suya que tienen que ser reparadas. Cuando le toque su turno le vamos a agregar la memoria que necesita.

Ahora comprendo, bueno vuelvo entonces la semana próxima cuando hayan completado el trabajo pendiente que tienen y los esperaré esos 15 minutos para que agreguen la memoria en mi computadora.

Lo siento Señor, pero si no nos deja la computadora perderá su turno y seguramente la semana próxima también tendremos una demora estimada de una semana o más.

Conclusión: muchas empresas, médicos, mecánicos, consultores, etc., siguen trabajando con este sistema PODeL sin ningún tipo de racionalidad. ¿Por qué no trabajar con un sistema de turnos?

Resumiendo, un informe que podría haber llegado en una semana, está plagado con varios baches de tiempo, lo que hicieron que Ana se enterara del problema de suelo a los dos meses de la toma de la muestra.

Con baches de tiempo = 2 meses

Sin baches de tiempo = 1 semana

O sea, Ana se podría haber enterado a la semana que estaban perforando una zona con riesgo de suelos. Suspender los trabajos defectuosos a la semana, hubiera ocasionado muchísimos menos costos y retrasos que un mal trabajo realizado durante dos meses consecutivos.

Uno de los grandes problemas o pecados en nuestros proyectos, es que estamos trabajando con **baches de tiempo** que nos llenan de ineficiencias, retrasos, trabajo innecesario, costos, etc., etc., etc.

4.1 PARÁLISIS EN LA TOMA DE DECISIONES

La **pereza** es uno de los pecados capitales. Esa vagancia e incapacidad para aceptar y hacerse cargo de las cosas es un problema para la dirección de nuestros proyectos.

La parálisis en la toma de decisiones se asimila a la pereza y es un bache de tiempo permanente.

¿Cómo seguimos jefe? No tengo tiempo ahora, la semana próxima lo vemos. Y a la semana siguiente se repite la misma película, ¿Para dónde avanzamos jefe?, Sigo muy ocupado, la semana próxima lo veremos. Y las semanas siguientes, y siguientes, y siguientes, la misma situación. El proyecto está totalmente estancado, super-retrasado, con grandes quejas del cliente y no podemos avanzar por esa pereza en la toma de decisiones.

A veces esa falta de decisión se origina en el temor a equivocarnos y el riesgo asociado que una mala decisión significa. Pero cabe recordar que en ciertas situaciones una "**no decisión**" que genera ese bache de tiempo permanente, puede ser **peor que una "mala decisión**". Después de todo, una mala decisión permitió que el proyecto avanzara y tenemos chances de encontrar una solución para reparar ese error.

4.2 CICLOS DE APROBACIÓN RECURRENTE

El consumo excesivo que origina el pecado capital de la **gula**, se parece a los ciclos de aprobación excesivos que retrasan el avance del proyecto.

Por ejemplo, María, envía el informe de avance de proyecto a Carlos para que éste lo revise, apruebe o desapruebe y así poder pasar a la fase siguiente del proyecto. Carlos se encarga de encontrar algunos errores, tenía que justificar su sueldo ☺, y pasa el informe a Carolina para su revisión. Carolina encuentra algunos errores en lo que propone Carlos, más otras pequeñas mejoras que recomienda ella y envía el informe al departamento de Roberto. Roberto comenta los cambios propuestos por sus tres colegas y como debe demostrar que no es menos que los demás, también descubre algo propio para agregar y le manda el informe con todos esos comentarios a María, quien originariamente había enviado el documento. María revisa todos los comentarios, intenta conciliar los diferentes estilos de redacción y ahora sí vuelve a enviar el informe a Carlos para su aprobación. Pero Carlos encuentra diferencias con los cambios propuestos por sus colegas, más algunos errorcillos que se le pasaron en su primera revisión y todo eso lo comenta en el informe que le vuelve a enviar a Carolina... y Carolina a Roberto ... y Roberto a María ... y volvemos a empezar ...

Bueno, esta historia conocida se puso muy aburrida, asique mejor cortemos aquí, con un gráfico de como es el **esquema lechero**, lleno de excesos y burocracias para aprobar un simple informe. Uno de los típicos baches de tiempo en nuestros proyectos.

Modelo Lechero

Esa gula por tanto consumo de leche nos pone obesos, lentos, e ineficientes! ☺

Hay veces que el modelo de aprobación **tipo estrella** nos da mejores resultados y origina menos demora. En ese modelo, se envía el informe a todos los involucrados al mismo tiempo, todos tienen, por ejemplo, "una semana" para revisar y comentar lo que sea, y luego se concilian todos esos comentarios en un informe final para poder avanzar. El que no opinó en ese plazo de "una semana", perdió su oportunidad.

Modelo Estrella

4.3 FORMALIDAD DE DOCUMENTOS

¿Qué necesidad tenemos de seguir esperando a tener toda la documentación formal del proyecto antes de avanzar hacia la próxima fase?

Esta **avaricia** en exceso de querer juntar toda la documentación formal, con las firmas de todos los interesados, todos los sellos oficiales de todos los departamentos, las últimas versiones definitivas, etc., etc., nos puede hacer pecar en exceso, generando un bache de tiempo y retrasando así el avance del proyecto.

A veces queremos adquirir toda la documentación formal, esperando hasta el último segundo de tiempo disponible, pensando que de esa forma evitaremos los posibles cambios que luego nos podría pedir el cliente o patrocinador. Este pre-concepto de que si esperamos hasta el final, juntando firmas y aprobaciones por los pasillos, será beneficioso para el proyecto, no siempre es correcto.

Por un lado, en varias oportunidades podríamos avanzar en nuestras actividades teniendo información preliminar, aunque no incluya toda la formalidad que indican las normas de nuestra compañía. Por ejemplo, por problemas de agenda no se ha podido firmar el documento, pero por teléfono ya nos informaron que está todo en orden para poder avanzar.

Por otro lado, aunque tengamos toda la documentación formal con sus respectivos sellos y firmas en original, eso no evitará que nos soliciten cambios en las fases siguientes del proyecto.

4.4 REUNIONES REGULARES

¿Otra vez una reunión? ¿Acaso estos tipos se creen que si no estamos en reuniones no estamos trabajando? ¿Para qué me citaron a esta reunión donde no se trataron ninguno de mis temas? ¿Por qué no me dejarán más tiempo para agregar valor al proyecto, en lugar de quitarme tanto tiempo en reuniones y más reuniones?

Esta **ira**, odio o enojo que a veces nos ocasionan el exceso de reuniones, se explica en que este pecado de la "reunionitis" nos genera baches de tiempo, que nos retrasan los proyectos.

Si el proyecto está avanzando bien, ¿para qué frenarlo con reuniones periódicas programadas? Más de una vez, en esas reuniones nos juntamos solamente a mirarnos las caras y contar lo bien que está todo, sin ningún intercambio de valor para el proyecto o cliente.

En las fases iniciales del proyecto es normal planificar reuniones de avance semanal. Pero cuando el proyecto está avanzado y esas reuniones programadas ya no están agregando valor, deberíamos pensar en cambiar el plan y espaciar esas reuniones en el tiempo. Ahora bien, si en cualquier momento el proyecto presenta algún problema, tendremos que organizar la reunión lo antes posible, aunque esa fecha no coincida con la que figura en nuestra agenda de reuniones programadas.

4.5 COLAS Y ESPERAS

¿Por qué mi cola sigue frenada y todo el resto está avanzando? ¿Por qué esos clientes VIP no hacen cola y yo sigo parada aquí esperando? ¿Por qué me hacen perder tanto tiempo esperando sentada en esa reunión hasta que toque mi tema cuando los primeros ya terminaron y volvieron a trabajar en el proyecto? ¿Por qué estos retrógrados siguen trabajando con un esquema PODeL cuando a otros colegas les dan un turno para volver más tarde?

Esta **envidia** de desear lo que tiene nuestro prójimo, cuando mi cola se retrasa y vemos que la de todo el resto avanza, nos angustia bastante. Peor aún, estas esperas en colas son otro bache de tiempo que nos retrasa el proyecto.

Como veremos más adelante en uno de los mandamientos de este libro, deberíamos intentar empezar a trabajar con un esquema de turnos, en lugar de perder tanto tiempo esperando en colas innecesarias.

4.6 DUEÑOS DE LA INFORMACIÓN

La **soberbia** de creerse mejor que los demás es el principal pecado capital.

Algunas empresas han creado gurúes o dueños de la información que se creen ser mejor que los demás y por las dudas que alguien intente llegar a ser como ellos, no comparten la información con el resto del equipo.

La información es poder, asique mejor si no la comparto, piensan los dueños de la información.

Por ejemplo, ese genio informático que es el único que conoce las claves para hacer funcionar un software, que si un día no va a trabajar, el resto del equipo demora sus actividades porque no funcionan sus computadoras.

Trabajar en proyectos con dueños de la información es un gran pecado, ya que se generan cuellos de botella, o sea baches de tiempo, donde en algún punto terminamos dependiendo de estas personas y el proyecto avanza más lento de lo que podría avanzar en caso que se compartiera la información.

Caso Francia – Dueño de la información

Todo estaba listo para comenzar con el proyecto millonario de instalación de fibra óptica en medio del centro histórico de la ciudad. Máquinas esperando la orden para empezar a perforar, cientos de trabajadores listos para comenzar sus actividades, todos los recursos en orden para el arranque. Sin embargo, el proyecto ya llevaba dos horas de retraso y no comenzaban las obras.

¿Qué pasa, por qué no podemos comenzar si ya está todo listo? Estamos esperando a que llegue Don José, fue la respuesta del director de proyectos.

Varios imaginamos que Don José, Pepe para los amigos, era seguramente el millonario patrocinador que llegaría en su helicóptero privado para cortar la cinta y sacarse la foto con la prensa internacional.

Pero no fue así, Pepe llegó en colectivo con tres horas de retraso y era un anciano muy humilde, pero el dueño de la información y por eso todos lo tenían que esperar.

Pepe había instalado las cañerías de gas en esa Ciudad 50 años atrás y era el único que sabía con exactitud si los caños de gas estaban sobre el lado derecho o izquierdo de cada calle.

Valía la pena esperar a Don Pepe para no perforar en el lugar inadecuado y evitar explosiones. Además, la constructora internacional estaba dispuesta a pagar mucho dinero a Don José por esa valiosa información.

Conclusión: Las empresas no deberían premiar a los dueños de la información con buenos sueldos por todos los datos que guardan. Por el contrario, hay que implementar mecanismos de gestión donde los avances de un proyecto no dependan de ninguna persona en particular.

LECCIONES APRENDIDAS

Los baches de tiempo son pecados impregnados en nuestras organizaciones que originan retrasos en los proyectos, que podrían evitarse. Entre los baches de tiempo más comunes tenemos:

- Parálisis en la toma de decisiones: pereza por no avanzar, postergando siempre las decisiones para más adelante. El proyecto no avanza y a veces una "mala decisión" podría ser preferible a este estado crónico de "no decisión".
- Ciclos de aprobación recurrente: gula por trabajar en exceso con múltiples aprobaciones burocráticas, que originan un ciclo lechero recurrente sin final, que impide que el proyecto avance.
- Formalidad de la documentación: avaricia de querer más y más información formal excesiva, en lugar de avanzar con buena información preliminar.
- Reuniones regulares: ira que nos da cada vez que nos invitan a una reunión donde no hacemos nada, no agregamos valor al proyecto y nos quitan innecesariamente nuestro escaso tiempo de trabajo, lo que retrasa el proyecto.
- Esperas en colas: envidia que tenemos de aquellas organizaciones que gestionan sus tiempos con un esquema eficiente de turnos, en lugar de la ineficiencia de estar esperando en largas colas hasta que nos toca a nosotros para poder avanzar.
- Dueños de la información: soberbia de aquellos sabelotodo que no comparten la información con el resto del equipo, lo que genera cuellos de botella y retrasos en los avances del proyecto.

El único pecado capital que no hemos mencionado en este capítulo es la lujuria, que proviene del latín luxus que significa "abundancia" o "exuberancia". La combinación de varios de los pecados anteriores se convierte en una especie de lujuria, que tenemos que evitar si queremos un proyecto rápido y eficiente.

5 COSTOS DE TRANSACCIÓN

¿La ilusión? Eso cuesta caro. A mí me costó vivir
más de lo debido.

JUAN RULFO. (1917-1986)
Novelista y cuentista mexicano

Los costos de transacción son aquellos excesos que tiene el proyecto que lo hacen más pesado y por consiguiente, más caro y lento.

La mayoría de los desperdicios tipo 2, o muda, fáciles de identificar en los proyectos, suelen encontrarse entre los costos de transacción.

Los 7 pecados capitales en relación a los costos de transacción son:

1) *Soberbia:* Falta de un lenguaje común
2) *Avaricia:* Formalidad excesiva
3) *Envidia:* Repeticiones sin final
4) *Pereza:* Falta de información
5) *Gula:* Excesos de información
6) *Ira:* Distancias físicas entre los miembros
7) *Lujuria:* Pobre elección de medios de comunicación

📖 Ejercicio 4 – Costos de transacción

Josefina Francheskini tiene una semana para intentar producir un milagro. Tres semanas atrás recibió la oportunidad de trabajar como directora de proyecto para un nuevo proyecto crítico de su Empresa.

Josefina: Paso a explicarles la situación. Nuestro proyecto tiene una fecha límite de 30 días para entregar la propuesta al Cliente. La buena noticia es que las 5 secciones ya las tenemos "casi" completas. La mala noticia es que ninguna de esas secciones está actualmente en mis manos.

Sección 1. Ingeniería está tratando de completar las especificaciones, pero están siendo restringidos por la acción del Gerente de Calidad, que permanentemente exige que las especificaciones se realicen nuevamente por no cumplir con detalles minuciosos e irrelevantes.

Sección 2. Los ingenieros de software y hardware no logran consensuar el plan de pruebas. Josefina organizó una reunión, pero parecía que cada grupo hablaba un idioma diferente. Luego de largas discusiones sobre tecnicismos y simulaciones, ambas partes no pudieron entenderse.

Sección 3. Está a cargo de un integrante junior del departamento de marketing recién recibido de la Universidad. Parecería que todavía sigue escribiendo su tesis de investigación, con semántica compleja, mucha poesía y muy poca información sobre los beneficios del producto para el cliente.

Sección 4. El representante de cada una de las oficinas internacionales de la empresa iba a proveer los insumos requeridos para desarrollar el plan global de comercialización. Han pasado 2 semanas y no logran coordinar una videoconferencia, debido a las diferencias de horario entre lugares tan distantes como Kuala Lumpur y Panamá.

Sección 5. La está preparando un experto veterano de la compañía que es adicto a los e-mails. Josefina lo ha llamado varias veces para que le explique algunos temas, pero como no lo encuentra, le deja mensajes en su contestador. Sin embargo, este experto le sigue contestando con mails difíciles de comprender.

Habiendo llegado a este punto, Josefina se está preguntando...

Josefina: ¿Por qué no habré optado por escribir toda la propuesta yo sola? Luego, si la propuesta era rechazada, pedía disculpas y listo!

Josefina está enfrentando una paradoja frustrante. Todo lo que necesita está disponible... en las mentes brillantes del equipo, pero los costos de transacciones hacen que esa información nunca esté disponible a tiempo.

¿Qué costos de transacción está enfrentando el proyecto?

¿Podría haber hecho algo Josefina para mitigar esos costos?

✍ Dedica 10 minutos a completar la respuesta antes de continuar la lectura.

📖 **Respuesta - Ejercicio 4**

La sección 1 está atravesando por un costo de **repeticiones sin final**. Cada vez que el informe llega al departamento de calidad, el gerente funcional encuentra algún pequeño error para corregir. Seguramente cuando corregimos el error y enviamos el informe, nos vuelve a encontrar otro error diferente. ¿Por qué no nos mencionó de todos los errores la primera vez? ¿Tendrá envidia a la directora del proyecto? Esta es una situación bastante complicada para la directora de proyectos, ya que en una organización matricial débil, es probable que ella tenga menos poder que el gerente funcional, que es un experto en ponerle trabas en las ruedas. Josefina, podría intentar mitigar este costo de transacción explicando al Patrocinador el motivo por el cuál se les está haciendo imposible, desgastante y muy costoso avanzar con esa sección.

La sección 2 tiene el costo de transacción relacionado a la **falta de un lenguaje común**. Cada vez que se junta la bandita de software con los de hardware, cada uno quiere hacer gala de su **soberbia** tecnicista y no escucha, ni quiere entender, el lenguaje del otro. Josefina debería intentar colocar alguna especie de traductor o forzar un lenguaje común, como veremos más adelante.

La sección 3 podría estar sufriendo de una **formalidad excesiva** al colocar cientos de citas, referencias a otros autores y varias formalidades necesarias para una tesis doctoral, pero que agregan poco valor a una propuesta de negocios. Josefina debería educar al novato para que corte esa avaricia de querer colocar cada vez más y más formalidades al documento. Por ejemplo, podría mostrar un informe realizado para otro cliente donde se permite como máximo 3 páginas. Sin dudas, no quedará espacio para la poesía.

La sección 4 está trabada por la gran **distancia física** que separa a los miembros del equipo de proyecto. Grandes costos de transacción están sufriendo para intentar unir a los miembros del equipo. Parecería que la distancia llenara de ira a los distintos equipos, lo que los separa cada vez más. Josefina debería planificar mucho mejor las comunicaciones, aprovechando tecnología como la video-conferencia, para tratar de acortar esas distancias.

La sección 5 tiene el costo asociado a seleccionar un **mal canal de comunicación**. Esta lujuria de pecar en exceso con el uso del e-mail está volviendo loca a Josefina. Será necesario que ella agote todos sus medios para conseguir la reunión cara a cara.

5.1 FALTA DE UN LENGUAJE COMÚN

Pecar de **soberbia** creyendo que nuestro lenguaje es mejor que el del resto del equipo, ocasiona costos al proyecto. Si a eso se suma que cada división de la empresa ha creado su propio vocabulario para gestionar proyectos, estamos en graves problemas.

Esta falta de un lenguaje común en la organización, genera grandes costos de transacción que dificultan la dirección eficiente de proyectos.

Caso Colombia – Lenguaje común

Durante varios años Tecnocolombia.com sufrió costos de transacción en sus proyectos porque los ingenieros de software hablaban un idioma tecnicista totalmente diferente a los ingenieros de hardware, a pesar de estar trabajando todos en el mismo proyecto.

La empresa tuvo que destinar recursos para crear diccionarios donde los términos "x, y, z" significaran exactamente lo mismo para toda la organización. Además, se obligó a todos los trabajadores a que comenzaran a utilizar ese diccionario, sin dar margen a que inventaran nuevas palabras para algo que ya había sido definido en el diccionario.

Conclusión: las fallas de comunicación y costos en los proyectos muchas veces se originan simplemente por la falta de un lenguaje común.

Hay varias empresas que están invirtiendo recursos para forzar un lenguaje común dentro de la organización a través de **diccionarios**. Por ejemplo, si consultamos lo que significa "Project Charter" podríamos obtener respuestas tan diversas como:

a) Plan detallado del proyecto
b) Diagrama de Gantt
c) Acta de inicio del proyecto

Si la empresa decidiera implementar un lenguaje común para proyectos, como podría ser el diccionario de términos que aparece en la Guía del PMBOK®, todos en la empresa sabrían que ese término se refiere a la opción c). A través de la **capacitación** también se suele lograr un lenguaje común para que no sea necesario "re-inventar la rueda" cada vez que gestionamos un proyecto.

Por su parte, también suele ser de gran utilidad implementar **traductores** que faciliten la comunicación cuando hay problemas de lenguaje. Por ejemplo, si estamos teniendo problemas de comunicación para que trabajen en equipo, los creativos (habilidades blandas) con los técnicos (habilidades duras), podríamos incorporar un traductor que hable estos dos idiomas que parecen diferentes. Esta persona podría ser, por ejemplo, un Ingeniero Industrial que maneja las habilidades duras; pero que lo ablandaron con un MBA en Recursos Humanos donde entendió que los proyectos son personas, no fierros; y además certificó como PMP® para aprender el idioma y los procesos específicos de la dirección de proyectos.

5.2 FORMALIDAD EXCESIVA

¡Control, control y más controles! Muchos proyectos están plagados de procesos burocráticos y excesos de control, sin poner en la balanza que esta **avaricia** de querer más y más control, genera costos de transacción.

Deberíamos pensar siempre en un balance racional entre control y flujo de valor sin interrupciones.

Por ejemplo, si una empresa quiere bajar los costos mensuales en fotocopias, podría crear un proceso donde para sacar una fotocopia se requiera previamente la firma y justificación escrita de tres departamentos funcionales: Finanzas, PMO y Calidad. Al mes siguiente observamos que se cumplió el objetivo porque los costos en fotocopias bajaron en más del 50%. Sin embargo, no nos damos cuenta de los proyectos millonarios que se podrían estar perdiendo por no haber podido sacar una fotocopia en tiempo y forma para llegar con celeridad al cliente. No hubiera sido más simple algo como: ¡*Si alguien saca fotocopias para asuntos personales no relacionados con el proyecto, podría ser causal de despido*!

Caso Brasil – Formalidades

E: Vamos a comenzar a producir de una forma diferente.

F: Excelente idea Enrique, pero para cumplir con nuestros procesos internos de control y poder avanzar con la propuesta, necesitamos documentar los costos que vamos a ahorrar con ese cambio, para elevarlo al departamento de finanzas.

E: ¿Lo que estoy proponiendo es para ahorrar costos, o no están convencidos desde finanzas?

F: Está clarísimo que vamos a ahorrar costos, no tenemos ninguna duda.

E: ¿Entonces para qué van a perder tanto tiempo llenando toda la papelería formal para estimar el ahorro de costos? Destinen el escaso tiempo a la re-ingeniería y luego de unos meses ya tendrán el dato empírico exacto de cuántos costos hemos ahorrado.

Conclusión: El exceso de burocracia y controles innecesarios nos impide avanzar de manera rápida y eficiente.

5.3 REPETICIONES SIN FINAL

El exceso de control a veces repercute en quedar atrapados en un ida y vueltas vicioso de repeticiones sin final.

Por ejemplo, cuando enviamos un entregable a un departamento funcional para que nos autoricen a avanzar a la fase siguiente y este departamento siempre nos encuentra un mínimo error insignificante que no nos deja avanzar, estamos enfrentando serios costos de transacción. Peor aun cuando enviamos el entregable con el cambio que nos habían solicitado y nos vuelven a detectar otro error insignificante, que perfectamente nos podrían haber mencionado en la primera revisión.

Parecería que los gerentes funcionales a veces tienen **envidia** sobre el posible éxito de los directores de proyectos y se encargan de mostrar su poder para ponerle trabas al proyecto.

Tenemos que entender en la organización que tanto los gerentes funcionales, como los directores de proyectos, trabajan para un mismo equipo y para alcanzar un proyecto exitoso, todos deben empujar para el mismo lado, eliminando controles minuciosos innecesarios que no agregan valor al cliente.

Por supuesto que necesitamos de procesos para detectar errores y auditar la calidad, pero se deberían informar todas las mejoras en un mismo momento y así optimizar el tiempo de los equipos de proyecto evitando idas y vueltas interminables.

5.4 FALTA Y EXCESO DE INFORMACIÓN

La **pereza** es la incapacidad de hacernos cargo de las cosas. Esa vagancia nos impide juntar toda la información necesaria para conocer las necesidades del cliente.

La falta de información suele ser un costo de transacción, ya que elaboramos propuestas que luego no son aceptadas por el cliente.

En el otro extremo, el pecado de la **gula** nos lleva a sobrecargarnos de información en exceso, lo que origina sobre-costos, malos entendidos y propuestas sobredimensionadas, en relación a lo que necesita el cliente, por lo que también podrían rechazarnos las propuestas.

Puede ser tan malo para el proyecto la falta de información como el exceso de información. Saber con precisión cuál es ese punto medio es prácticamente imposible, pero tenemos que evitar los extremos si queremos bajar los costos de transacción.

5.5 DISTANCIAS FÍSICAS

Cuando nos enojamos con nuestros compañeros de equipo solemos separarnos. Esta **ira** que nos distancia, hace que nos comuniquemos menos y esto origina costos de transacción al proyecto.

Ahora bien, no sólo la ira nos separa de nuestros colegas. Muchas veces los miembros del equipo de proyecto se encuentran físicamente distanciados aunque las relaciones entre ellos sean muy buenas.

En el estudio "Managing the flow of technology" [5] se demostró que a mayor distancia física entre los miembros del equipo, menor es la probabilidad de comunicarse. Algo obvio, que se demostró con estadísticas como se resumen en el gráfico a continuación.

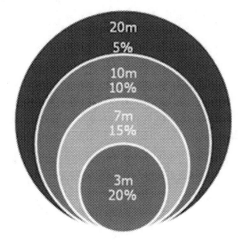

Cuando los miembros del equipo se encuentran separados a más de 20 metros de distancia, la probabilidad de comunicarse por lo menos una vez por semana es menor al 5%. En el otro extremo, cuando los miembros están en un mismo lugar físico, a tan sólo 3 metros de distancia, la probabilidad de comunicarse aumenta al 20% por semana.

Quienes trabajan con metodologías ágiles, como por ejemplo SCRUM, tienen en cuenta este principio de colocar a todo el equipo en un mismo lugar físico hasta que terminen el entregable al cliente.

Pero quienes trabajan con equipos latinos, reconocen que colocar al equipo demasiado cerca entre ellos, podría ser perjudicial, ya que todo el viernes por la tarde se pierde planificando la actividades recreativas del fin de semana y todo el lunes por la mañana también se malgasta porque se comentan las actividades realizadas durante el fin de semana. ☺

Una vez más, evitemos los extremos: ¡ni muy separados ni tan juntitos! ☺

---

[5]   ALLEN, Thomas J. (1984). Managing the Flow of Technology Transfer and the Dissemination of Technological Information within the R&D Organization. MIT Press.

5.6 POBRE ELECCIÓN DE MEDIOS

Mensajerías, e-mail, voicemail, website, intranet, voice ip, celular, video-conferencia, Skype, Blackberry, Twitter, Facebook, Youtube, Linkedin, Google+, Ipad, Iphone, Adobe Connect, Webex, etc., etc. etc.

¿No será demasiada **lujuria** (abundancia y exuberancia) tantas formas de comunicarnos?

Además, todos los días siguen apareciendo nuevos canales y vías de comunicación, que vamos aprendiendo a utilizar sobre la marcha, ya que nadie nos da el manual de instrucciones que nos ayude a identificar cuál sería el mejor medio para cada caso en particular.

¿Cuál es el medio adecuado? Muy difícil saberlo, pero podríamos concentrarnos en los que seguramente son los inapropiados.

Para identificar qué medio de comunicación podría ser poco útil tenemos que considerar lo siguiente:

- ¿La comunicación es unidireccional o bidireccional?
- ¿Cuántos emisores-receptores hay involucrados?
- ¿Qué ancho de banda necesitamos?

Cabe aclarar que el ancho de banda está relacionado con la cantidad de información, no en los "x" megabits que pueda pesar un documento. Por ejemplo, el mayor ancho de banda se obtiene con una reunión cara a cara.

📖 Ejercicio 5 – Canales de comunicación

Marque con una cruz cuál es el canal de comunicación que más utiliza en cada una de las siguientes actividades del proyecto.

Actividad	Reunión	Teléfono	e-mail	Intranet	Carta	Documentos	Presentación	Otros
Coordinación de equipos de trabajo								
Colaboración entre los miembros del equipo								
Distribución de Documentos								
Revisión de Documentos								
Memos de rutina								
Información detallada del proyecto								
Negociaciones								
Pedidos formales de información								
Entrenamiento de equipos								

🖐 Dedica **3** minutos a completar la respuesta antes de continuar la lectura.

📖 Respuesta - Ejercicio 5

No hay una mejor forma de comunicarnos, pero algunas recomendaciones de expertos en comunicación nos pueden ser de utilidad. Resumimos algunos consejos en la tabla a continuación.

Actividad	Involucrados	Ancho	1ª opción	2ª opción
Reuniones de coordinación	Pocos-pocos Bidireccional	Medio	Cara-cara	Teleconferencia
Reuniones de colaboración	Pocos-pocos Bidireccional	Alto	Cara-cara	Videoconferencia
Distribución de Documentos	Uno-muchos Unidireccional	Bajo	Intranet	e-mail con adjunto
Revisión de Documentos	Uno-muchos Bidireccional	Medio	e-mail !	Documento
Memos de rutina	Uno-uno Unidireccional	Bajo	email	Documento
Información detallada	Uno-uno Bidireccional	Medio	Documento Cara a cara	Email Teleconferencia
Negociaciones	Uno-uno Bidireccional	Alto	Cara-cara	Videoconferencia Teleconferencia
Pedidos formales	Uno-uno Unidireccional	Bajo	Email con firma digital	Carta formal
Entrenamiento de equipos	Uno-uno Bidireccional	Alto	Cara-cara	Videoconferencia

En función de la tabla previa, la mejor forma de llevar a cabo una reunión de coordinación es mediante una reunión cara a cara y una segunda opción podría ser una teleconferencia. Por otro lado, en una reunión de colaboración que requiere alto ancho de banda, la segunda opción debería ser una videoconferencia, ya que hasta el teléfono podría distorsionar el mensaje.

Luego de haber realizado el ejercicio previo con miles de ejecutivos de importantes empresas que trabajan en más de 20 países, queremos compartir el porcentaje de las respuestas recibidas. Estas respuestas no significan que sean correctas o incorrectas.

Por ejemplo, el 13% de los que respondieron el ejercicio contestaron que utilizan el email para coordinar al equipo de trabajo. Seguramente este no es el mejor medio de comunicación para esta actividad del proyecto, lo que podría estar ocasionando costos de transacción.

Actividad	Reunión	Teléfono	e-mail	Intranet	Carta	Documentos	Presentación	Otros
Coordinación de equipos de trabajo	77	7	13	0	0	2	1	0
Colaboración entre los miembros del equipo	53	15	27	1	0	1	1	1
Distribución de Documentos	2	0	64	11	7	11	0	4
Revisión de Documentos	30	1	31	7	2	22	1	7
Memos de rutina	0	1	64	4	9	15	1	1
Información detallada del proyecto	19	0	23	5	3	27	20	2
Negociaciones	85	5	4	0	0	1	3	1
Pedidos formales de información	2	12	48	1	23	9	1	0
Entrenamiento de equipos	49	1	0	0	0	1	44	4

Algunas conclusiones que podemos sacar en relación a estas respuestas y lo que recomiendan los expertos en comunicación, es que si queremos disminuir los costos de transacción del proyecto, deberíamos tratar de utilizar lo menos posible aquellos canales de comunicación que aparecen sombreados en la tabla.

5.7 LA EMAILITIS

En los últimos años estamos observando que cada vez es más fuerte la tendencia hacia el exceso en el uso de email. Algunas personas responden el ejercicio anterior #5 marcando el email como él único canal de comunicación para todas las actividades del proyecto.

A estos casos extremos de abuso en el uso de email lo hemos denominado la emailitis, un **pecado** en el que todos estamos involucrados.

¿Cuánto tiempo del día estamos perdiendo purgando emails? ¿Para qué nos habrán enviado ese mail en el que no teníamos nada que ver? ¿Por qué nos ponen en copia de todo lo que pasa en la organización? ¿Y esos ridículos que se la pasan respondiendo pavadas con copia a todos que nos llenan las casillas?

No cabe ninguna duda que el email es una excelente herramienta de comunicación que nos ha ayudado muchísimo en la eficiencia de nuestros proyectos. Sin embargo, como casi todas las cosas buenas de esta vida, cuando pecamos en exceso, podemos convertir algo bueno en algo malo.

Vemos algunos **pecados** típicos por el mal uso del mail:

1. Colocar en copia a todo el mundo, ya que es más cómodo copiar a todos en lugar de pensar quiénes realmente deberían recibir el mail.

2. Responder el mail que nos mandan con copia a todos, con tonteras como "qué lindo", "yupi", "aleluya", etc., etc., etc. Y nuestros colegas también responden con copia a todos y cuando nos descuidamos ya tenemos cientos de emails del mismo tema en nuestra casilla.

3. Re-enviar un mail que ya lleva varios ciclos de envío recepción, donde si alguien lo quiere entender, tendrá que hacer varias páginas de scroll-down para empezar a leer desde abajo hacia arriba.

4. Colocar varios adjuntos en el mail, ya que es más simple meter todos los documentos que tenemos en la computadora, que pensar cuáles son realmente los documentos críticos que deberíamos enviar.

5. Escribir un mail de cientos de renglones donde se parece más a un testamente que a un mensaje.

6. Utilizar siempre el signo "**!**" de mail prioritario, aunque no sea de carácter "urgente" lo que estamos enviando.

Recomendaciones para bajar costos de transacción por el mal uso de emails:

1. Pensar muy bien a quiénes debo poner en copia. Más de tres personas ya puede ser una pista de que empiezo a pecar en exceso.

2. No responder los mails con copia a todos.

3. No enviar un mail que ya tenga más de dos ciclos envío-recepción. En su lugar, redactar nuevamente el resumen ejecutivo de lo que queremos comunicar.

4. No enviar adjuntos innecesarios.

5. No escribir un mail que tenga más de 20 renglones. Para asuntos largos escribir en el procesador de textos y enviar como adjunto.

6. Reservar el signo "**!**" para asuntos realmente urgentes o prioritarios.

LECCIONES APRENDIDAS

La mayoría de los desperdicios tipo 2, fáciles de eliminar, pueden encontrarse en alguno de los siguientes costos de transacción del proyecto:

- Falta de un lenguaje común: soberbia de creernos que nuestro idioma tecnicista es mejor que el de los demás. Deberíamos utilizar diccionarios, capacitación y traductores para unificar el lenguaje.

- Formalidad excesiva: avaricia de querer más y más control en los proyectos. Esta burocracia excesiva la deberíamos eliminar pensando en el flujo de valor al cliente sin interrupciones.

- Repeticiones sin final: envidia de los gerentes funcionales hacia los directores de proyectos, que no los dejan avanzar metiendo trabas con aprobaciones recurrentes sin final. Los gerentes funcionales y directores de proyecto deberían trabajar en equipo.

- Falta y excesos de información: pereza por no conseguir todos los datos para entender realmente las necesidades del cliente; o gula de plagarnos de información que nos genera costos innecesarios. Evitar los extremos, tanto la falta de información como el exceso de información son perjudiciales para el proyecto.

- Distancias: ira que separa a los miembros del equipo y hace que se comuniquen menos. Si fuera posible, colocar a los miembros del equipo de proyecto lo más cerca posible.

- Pobre elección de medios de comunicación: lujuria de abusar del mal uso de los medios de comunicación. Evitemos la emailitis y aquellos medios con los que seguramente tenemos demasiados costos de transacción.

MÓDULO III

LOS 10 MANDAMIENTOS

Hasta aquí hemos visto solamente una introducción a las filosofías Lean y Ágil y muchos pecados comunes de nuestros proyectos, pero muy pocas herramientas o ideas de cómo solucionar esos problemas.

En la sección previa analizamos los dos problemas más frecuentes: baches de tiempo y costos de transacción, que los fuimos explicando con una analogía humorística con los "pecados capitales".

Estos pecados capitales, no son otra cosa que excesos, pero por suerte, tienen siempre una virtud para poder vencerlos.

En esta última sección del libro nos vamos a concentrar específicamente en ideas para ser más **ágiles** en la gestión de nuestros proyectos.

Para esto veremos los 10 mandamientos de Paul Leido [6]:

I. No agregarás... **desperdicios** al proyecto
II. Honrarás... los entregables al **cliente**
III. No perderás... tiempo en **reuniones**
IV. No olvidarás... el análisis de **riesgo**
V. Levantarás... las etapas **tradicionales**
VI. Codiciarás... los métodos **visuales**
VII. No matarás... los **procesos** estándares
VIII. No provocarás... largas **esperas**
IX. No olvidarás... los **recursos** críticos
X. Santificarás... proyectos **prioritarios**

---

[6]   Nombre internacional del autor latino Pablo Lledó. ☺

Los Diez **Mandamientos**

I. No agregarás... desperdicios al proyecto

II. Honrarás... los entregables al cliente

III. No perderás... tiempo en reuniones

IV. No olvidarás... el análisis de riesgo

V. Levantarás... las etapas tradicionales

VI. Codiciarás... los métodos visuales

VII. No matarás... los procesos estándares

VIII. No provocarás... largas esperas

IX. No olvidarás... los recursos críticos

X. Santificarás... proyectos prioritarios

By Paul Leido

6 MANDAMIENTO #1
NO AGREGARÁS DESPERDICIOS AL PROYECTO

Tan corta como es la vida, aún la acortamos más por el insensato desperdicio del tiempo.

VICTOR HUGO. (1802-1885)
Novelista francés

Varios proyectos no logran sus objetivos simplemente porque pecan con excesos de información, atributos innecesarios o complejidad excesiva. Todos aquellos extras innecesarios del proyecto los denominaremos "desperdicios".

📖 Ejercicio 6 – Propuestas con excesos

Rulo Roit Lobby está armando la propuesta técnica y presupuesto de un proyecto para presentar a un importante Cliente.

<u>Rulo</u>: *¡Cómo puede ser! Siempre la misma historia. ¿Qué será lo que realmente quiere nuestro Cliente? Los términos de referencia son demasiado difusos y es prácticamente imposible interpretar el alcance de este proyecto. Además, tenemos que presupuestar con un contrato de precio fijo, por lo que si agregamos más ítems de los necesarios vamos a tener una menor rentabilidad. Por su parte, si agregamos menos funcionalidad de la que necesita el Cliente, seguramente contratan a otro proveedor.*

¿Cómo podría mitigar Rulo los riesgos de pecar en exceso al momento de elaborar la propuesta?

✋ Dedica **5** minutos a completar la respuesta antes de continuar la lectura.

📖 Respuesta - Ejercicio 6

Comprender las necesidades de nuestro cliente para poder definir el alcance del proyecto, suele ser una tarea muy difícil.

En algunas ocasiones, los miembros del equipo comienzan a agregar mayor alcance y funcionalidades al proyecto, de lo que realmente necesita nuestro cliente. Esto es un problema, ya que esos adicionales, seguramente el cliente no los querrá pagar.

En el otro extremo, podríamos agregar menos alcance de lo que necesita nuestro cliente y esto también es un problema, ya que no comprarán nuestro producto o servicio, o terminaremos con un cliente insatisfecho.

En el caso de Juan, para no pecar en exceso al momento de elaborar la propuesta debería tener en cuenta las siguientes técnicas o herramientas:

- Reuniones iterativas entre cliente y miembros del equipo de trabajo para especificar todos los requerimientos del proyecto y definir en conjunto el alcance del mismo.

- Encuestas pre-diseñadas que el cliente debe contestar para especificar sus requerimientos.

- Elaboración de presupuestos con módulos escalables que especifiquen el precio y tiempo de producción de cada entregable, de esa forma el cliente puede seleccionar solamente aquellos módulos o entregables que le agregan valor.

6.1 EXCESOS DE INFORMACIÓN

Varios proyectos comienzan a agregar adicionales no solicitados por el cliente, bajo la hipótesis de que superarán sus expectativas y tendrán un cliente satisfecho. Sin embargo, esos adicionales por lo general no los va a pagar el cliente, por lo que no sería valor y podrían agregar riesgos, sobre-costos y retrasos innecesarios.

Recordemos que **a nuestro cliente deberíamos darle lo que nos pidió, ni más, ni menos.**

Como veíamos en capítulos previos, tanto el exceso (gula) como la falta (pereza) de información son un problema. La falta de información puede causar que no consigamos vender la propuesta al cliente, lo que nos genera una pérdida de rentabilidad. En el otro extremo, el exceso de información nos hace trabajar más de lo necesario y esos extras tampoco los pagará el cliente, lo que también genera una pérdida de rentabilidad.

¿Cuál será ese punto óptimo de rentabilidad?

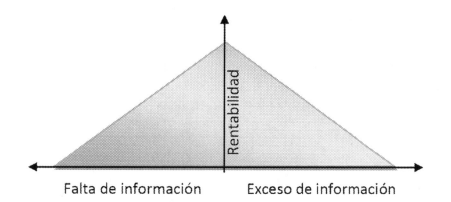

No sabremos nunca cuál es el nivel óptimo de información que maximiza la rentabilidad, pero como siempre, el modelo de la gestión lean-ágil de proyectos nos invita a evitar los extremos.

6.2 ATRIBUTOS INNECESARIOS

¿Cuántas veces seguimos agregando más de lo mismo en nuestros proyectos pensando que esto es necesario para nuestros clientes? ¿No estaremos pecando en exceso al seguir agregando un atributo innecesario por el cual el cliente ya no está dispuesto a pagar?

Por ejemplo, el primer celular que salió al mercado tenía el tamaño y peso de un ladrillo. Sin ninguna duda, la investigación y desarrollo en la industria de los celulares se concentró en disminuir el tamaño y peso de los celulares. Cada vez que salía un modelo más pequeño, el mercado estaba dispuesto a tirar su ladrillo antiguo y cambiarlo por uno más pequeño y liviano.

¿Estarías dispuesto a tirar el último celular que llegó a tu bolsillo porque ya salió al mercado uno un poco más pequeño?

¡Nosotros tampoco! ☺

Hoy en día, seguir invirtiendo en investigación y desarrollo para producir teléfonos celulares más pequeños, es muy probable que no incremente significativamente las ventas. Pero invertir en nuevos atributos para que nuestros celulares se parezcan cada vez más a las computadoras personales, seguramente podría ser una buena estrategia.

Algo similar ocurre con la velocidad de los procesadores de las computadoras. Agregar un poco más de velocidad a nuestra actual computadora, seguramente no nos incentivará para salir corriendo a comprar el último modelo. Por ejemplo, cuando Intel lanzó la Pentium II, fue un fracaso comercial porque no agregaba un gran aumento de velocidad y recientemente acababa de salir al mercado su predecesora Pentium I.

¿Para qué tirar nuestra Pentium I o pagar tanto por una Pentium II que no es mucho más rápida?, se preguntaban los consumidores de aquella época.

Por su parte, agregar nuevas funcionalidades, como lo que hace el equipo de Apple cuando lanza un nuevo producto, podría hacer que se agoten los stocks en el primer día que el producto sale al mercado.

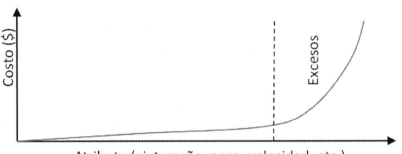

Si un atributo adicional solamente agrega costos al proyecto y este **atributo no se puede trasladar al precio** que pagaría el cliente, es muy probable que estemos en una zona de potencial **exceso** donde ese atributo es innecesario.

6.3 COMPLEJIDAD EXCESIVA

Existen cientos de productos y servicios que son tan complejos que agregan poco valor al cliente. Por ejemplo, pensemos en el último control remoto que llego a nuestro hogar para simplificarnos la vida con comandos a distancia para ver la televisión. ¿Realmente nos simplifica la vida?

¿Si sale un nuevo control remoto con 20 teclas y funciones adicionales, tirarías el actual control para comprar ese nuevo?

¡Nosotros tampoco! ☺

¿Para qué tirar el control remoto actual que tiene docenas de teclitas y funcionalidad, si todavía no aprendemos a utilizar ni siquiera el 50% de todas esas funciones?

¿Para qué abandonar el último software Excel o Project, si todavía no aprendemos a utilizar ni siquiera el 5%?

Caso Corea – Complejidad excesiva

Una empresa producía un auto cada dos minutos. Si por algún motivo se frenaba la producción, ese día era un gran dolor de cabeza para la compañía.

CEO: ¿Cómo vamos hoy con la velocidad de producción?

Técnicos: *Vamos a consultar con el tablero de comando integral, que ya lo tenemos vinculado con los software de automatización y control, más los reportes automáticos del sistema de gestión, más..., más..., más..., y mañana le pasamos el reporte jefe.*

CEO: *Es increíble a lo que hemos llegado con tanta ciencia y tecnología. Hace varios años atrás, conseguir un reporte de avance era bastante más simple. ¿No habremos entrado en un camino de la complejidad excesiva?*

Desde ese momento se pusieron a estudiar alguna herramienta simple donde todos los miembros de la compañía pudieran saber al instante en qué estado se encontraba el ritmo de producción de la empresa.

Finalmente implementaron en todas sus plantas de producción algo muy simple: un semáforo con tres colores. El verde indica que todo está bien; el amarillo significa que está faltando algún insumo crítico que si no se soluciona, frenará la máquina; y el rojo indica que la planta ha parado su producción, algo que todo el mundo reconoce como un grave problema.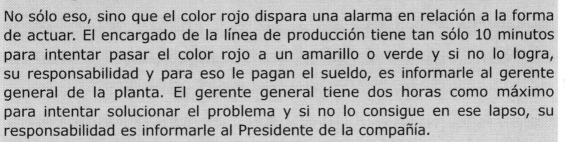

No sólo eso, sino que el color rojo dispara una alarma en relación a la forma de actuar. El encargado de la línea de producción tiene tan sólo 10 minutos para intentar pasar el color rojo a un amarillo o verde y si no lo logra, su responsabilidad y para eso le pagan el sueldo, es informarle al gerente general de la planta. El gerente general tiene dos horas como máximo para intentar solucionar el problema y si no lo consigue en ese lapso, su responsabilidad es informarle al Presidente de la compañía.

De ninguna manera la empresa abandonó las herramientas y procesos modernos para la automatización y control de procesos, con informes de avance de gran calidad, pero logró implementar en paralelo una herramienta muy simple que todos reconocían en el acto, independientemente de sus habilidades y capacidades.

Conclusión: implementar tecnología por sí misma no agrega valor, hay veces que con métodos simples podríamos conseguir mejores resultados.

Varias empresas olvidan que **agregar más funcionalidad, no necesariamente agrega valor** desde el punto de vista del cliente.

Volviendo al ejemplo del control remoto, varias personas ya han comprado aparatos muy simples que incluyen solamente tres botones: uno para encender-apagar, el otro para el volumen y el tercero para cambiar de canal. ¡Qué maravilla tecnológica! ☺

Si estamos planificando el cronograma del proyecto con un diagrama de Gantt con algún software donde hemos creado miles de actividades, que luego no vamos a poder gestionar durante la fase de ejecución y control del proyecto, con seguridad hemos pecado en exceso. Un plan que luego no sirva para la ejecución y control, no tiene sentido.

¡Un plan solamente agrega valor si es utilizado!

La complejidad excesiva en nuestros proyectos solamente nos traerá:

- ✓ más costos,
- ✓ más errores,
- ✓ más malentendidos y
- ✓ más riesgos.

Varias empresas tecnológicas (ej. Sony, HP, Canon, etc.) han descubierto que una forma simple para mitigar la complejidad excesiva al momento de desarrollar un nuevo producto, es solicitar a sus técnicos que expliquen las ventajas de ese producto en un **resumen ejecutivo de una sola página**. Los atributos no mencionados en esa hoja, son los potenciales candidatos en exceso. Si luego tuvieran que acelerar el desarrollo o bajar costos, lo que no está en esa hoja son los primeros atributos a eliminar.

LECCIONES APRENDIDAS

Los excesos de información, atributos innecesarios o la complejidad excesiva, son ejemplos de desperdicios que no deberíamos agregar al proyecto.

Algunas herramientas para mitigar esos desperdicios, conocer mejor a nuestro cliente y alcance del proyecto son: reuniones iterativas entre cliente y técnicos, cuestionarios para identificar requerimientos y presupuestos discriminados por entregables.

Los excesos y falta de información atentan en perjuicio de la rentabilidad del proyecto. Al cliente tenemos que darle sólo lo que nos pidió.

No deberíamos seguir agregando atributos adicionales cuando el cliente ya no paga por ellos. Agregar más tecnología o funcionalidades, no significa más valor para el cliente. Hay veces que cosas simples agregan más valor.

Debemos evitar la complejidad excesiva, caso contrario, nuestro proyecto tendrá: más costos, más errores, más malentendidos y más riesgos.

Por último, un plan solamente es útil si luego va a ser utilizado.

7 MANDAMIENTO #2
HONRARÁS LOS ENTREGABLES AL CLIENTE

No honres con tu odio a quien no podrías honrar con tu amor.

FRIEDRICH HEBBEL. (1813-1863)
Poeta y dramaturgo alemán

Toda actividad debería tener entregable y todo entregable debería tener cliente. Tenemos que pensar siempre en nuestro cliente, interno o externo, al momento de llevar a cabo las actividades del proyecto.

7.1 VINCULAR ACTIVIDADES

En la gestión tradicional de proyectos, estamos muy acostumbrados a trabajar con una lógica de actividades sucesoras y predecesoras. O sea, hasta que no termine la actividad A, no podremos comenzar con la actividad B. En otras palabras, hasta que no nos llegue el entregable A, no podremos comenzar a trabajar con B.

Sin embargo, en varias oportunidades por quedarnos esperando el entregable A, sin participar en lo más mínimo de esa actividad, luego sufrimos varios retrasos e inconvenientes con el desarrollo de B.

Podríamos pensar que B es un cliente interno de A, para mejorar la eficiencia en la gestión de esos entregables del proyecto y tratar de vincular ambas actividades para el beneficio del proyecto.

Con esta pequeña vinculación entre A y B, podemos evitar malos entendidos y acelerar la finalización del proyecto. Veamos el caso a continuación para comprender mejor este concepto de vincular actividades y honrar el entregable a un cliente interno.

Caso Perú – Cliente interno

El Gerente del Programa estaba esperando la llegada del entregable A (flujo de fondos e indicadores financieros del proyecto infraestructura) para poder comenzar a trabajar con la actividad B (flujo de fondos e indicadores financieros del programa).

GP: ¿Cuándo estiman que van a terminar con A?

A: *En la fecha acordada.*

Cumpliendo a la perfección con la Ley de Parkinson (las actividades se extienden el tiempo disponible), el entregable A fue entregado el último día disponible que tenían para enviar el informe.

GP: *Han cometido algunos errores, ya que deberían haber formulado los proyectos de carreteras a 20 años, en lugar de 10 como lo hicieron y la tasa social de descuento debería ser del 12%, en lugar del 10% que han utilizado.*

A: *Pero nadie nos mencionó eso antes, nosotros ya hemos terminado con el informe impreso entregado a tiempo y hemos sido asignados a otro proyecto. Por lo que no tenemos recursos para realizar ningún tipo de cambio al informe final a esta altura de los acontecimientos.*

El GP no tuvo más remedio que ponerse a trabajar horas extras para arreglar esos errores y poder avanzar con la actividad B. Sin embargo, no pudo evitar los retrasos que ocasionaron en el proyecto esos errores que tuvo que ponerse a reparar.

Si el GP se hubiera acercado a los miembros del equipo A, un par de días antes de la fecha de entrega, a ofrecer ayuda o revisar el trabajo preliminar, seguramente no hubiera ocurrido ningún retraso. Por el contrario, con tan solo detectar esos dos errores menores, en una etapa en que el equipo todavía no imprimía el informe final, de manera muy simple se hubiera agregado a la planilla de cálculos 10 celdas adicionales con una tasa de descuento diferente a la que estaban utilizando.

Una de las principales restricciones al cambio que tenía el equipo A, era que no querían volver a imprimir el informe final. Si el GP colaboraba con ellos antes de la impresión, ningún retraso hubiera ocurrido.

Conclusión: El cliente interno debe vincularse con los miembros de sus actividades predecesoras, si queremos mitigar riesgos y retrasos.

Los tres conceptos claves para vincular las actividades y honrar el entregable al cliente son:

1. El cliente se involucra en forma temprana

2. Existe un breve periodo de colaboración conjunta entre cliente y el equipo de la actividad predecesora

3. El cliente es quien determina el final de su predecesora

Veamos esos tres conceptos con una analogía con el deporte. En el mundo del atletismo, una de las carreras en equipo consiste en que cuatro atletas corran 100 metros cada uno con un bastón en la mano, que deben traspasar a su compañero para que este corra sus 100 metros. El equipo ganador será quien logre que su bastón de la vuelta de los 400 metros más rápido.

> El cliente se involucra en forma temprana: quien espera el bastón no está en su campo, sino que se ha introducido en el campo de su compañero para recibir el bastón.

> Breve periodo de colaboración: quien entrega el bastón no lo suelta rápidamente, sino que corre en conjunto con su compañero hasta que este llegue a su campo y recién allí le traspasa el bastón.

> El cliente determina el final de la tarea: quien se lleva el bastón es el que finaliza la transacción y verifica que está todo bien, no el atleta que entregó el bastón.

7.2 PROTOTIPOS PRELIMINARES

En aquellos casos donde no conocemos el resultado ideal del entregable que espera recibir el cliente, en lugar de entregar el producto final según las especificaciones de un contrato o una norma del mercado, es preferible trabajar con prototipos preliminares con aprobaciones parciales, para ir re-definiendo las necesidades y requerimientos en conjunto con el cliente.

Gestión tradicional

Producto o Servicio final	Aprobación del cliente

Por ejemplo, una empresa multinacional solicitaba autorizaciones a las autoridades de salud gubernamental para que le aprobaran el lanzamiento al mercado de un nuevo producto de consumo masivo, que ya estaba terminado. Estas aprobaciones demoraban varios años.

Por su parte, otra empresa internacional, una vez que finalizaba un avión, solicitaba autorización a la Administración Federal de Aviación para que autorizaran ese producto, lo que también demoraba varios años.

Gestión ágil

Ambas empresas, cuando comenzaron a trabajar con prototipos preliminares y aprobaciones parciales con las autoridades de turno, lograron bajar varios meses en las demoras de aprobación que tenían en relación a la gestión tradicional.

Cuando pensamos en nuestro cliente interno y lo involucramos desde las fases iniciales del proyecto, los resultados esperados son más favorables.

7.3 ANTICIPAR INFORMACIÓN

Hay veces que esperar la aprobación definitiva de un entregable para poder avanzar suele retrasar demasiado los proyectos. Por ejemplo, grandes organismos del sector público suelen estar plagados de procesos de autorización burocráticos, donde los documentos deben atravesar por distintas divisiones para recibir los sellitos de aprobación.

En estos casos, anticipar información del entregable al cliente o la autoridad de aprobación, puede ser una buena práctica, a los fines de acelerar los ciclos de aprobación y toma de decisiones.

Gestión tradicional

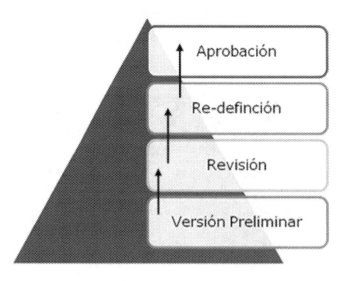

Por ejemplo, en la gestión tradicional, la versión preliminar es enviada al departamento de revisión. Luego el documento es enviado al departamento de re-definición y una vez que llega al departamento de autorización, es enviado nuevamente a quién está solicitando la autorización para que realice los cambios que corresponda. Esto se asimila al modelo lechero o los ciclos de aprobación recurrente que discutimos en capítulos previos.

Si fuera posible, quien comienza el trámite podría tratar a la autoridad de aprobación como un cliente interno, enviando el mismo documento que está esperando en los pasillos de otros departamentos burocráticos que trabajan con el esquema "por orden de llegada". De esta forma, el cliente podría dar un feed-back anticipado de lo que va a requerir como cambios antes de que llegue el informe formal a su departamento. Con ese feedback preliminar ya podríamos estar trabajando cambios para adelantar los tiempos del proceso.

Gestión ágil

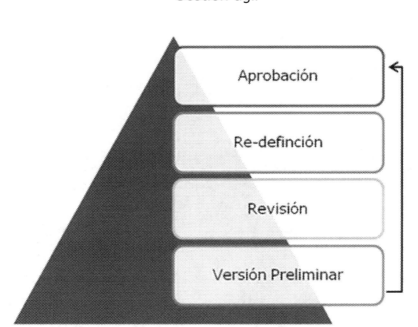

LECCIONES APRENDIDAS

No sólo cliente es el usuario de un bien o servicio o el patrocinador de un proyecto. Sino que también tenemos que considerar como clientes a los miembros de nuestro equipo interno de trabajo y las autoridades externas de aprobación.

Tenemos que vincular las actividades predecesoras con las sucesoras de tal forma que el cliente interno se involucre de manera temprana con el equipo que está trabajando en la actividad predecesora, como así también buscar un breve periodo de colaboración entre el equipo y el cliente.

Los prototipos preliminares suelen ser de gran utilidad para involucrar a la autoridad de aprobación en el proceso de aprobaciones formales del proyecto.

Por último, anticipar información a la autoridad de aprobación, podría ser una buena estrategia para obtener un feed-back anticipado de los cambios que necesita nuestro proyecto.

8 MANDAMIENTO #3
NO PERDERÁS TIEMPO EN REUNIONES

*Malgasté mi tiempo,
ahora el tiempo me malgasta a mí.*

WILLIAM SHAKESPEARE. (1564-1616)
Escritor inglés

En algunas empresas la cultura de reuniones está tan arraigada que pareciera que el único tiempo que queda disponible para agregar valor es durante la noche o los fines de semana.

En este capítulo veremos que esta cultura de reuniones eternas e ineficientes es una gran traba a los proyectos y genera desperdicios en la organización. Pero lo más interesante será que desarrollaremos algunas herramientas muy simples para poder cumplir con el tercer mandamiento: "no perderás tiempo en reuniones".

8.1 TIPO DE REUNIONES

Como vimos en el capítulo cuatro, "Baches de tiempo", deberíamos tener claro que **las reuniones, por sí mismas, no agregan valor** al cliente. Por lo general, la mayoría de las reuniones son desperdicios tipo 1: necesarias pero sin tiempo valor agregado. Peor aún, gran parte del tiempo dedicado a las reuniones cae en la categoría de desperdicios tipo 2 o muda, que podría ser eliminado.

Deberíamos tener presente que las reuniones implican sacar a la gente de su lugar de trabajo, que es donde verdaderamente agregan valor al proyecto.

Se suele decir que los ejecutivos destinan en promedio un 30% de su tiempo a reuniones, lo que equivale aproximadamente a 1,5 días por semana. Pero lo sorprendente es que los ejecutivos suelen responder que la mitad del tiempo de esas reuniones fue improductivo.

Este tiempo sin valor se debe, entre otras cosas, a que:

- ✓ Estuvieron esperando personas para poder empezar la reunión,
- ✓ Tuvieron que esperar que se trate el tema relevante que les compete,
- ✓ Perdieron demasiado tiempo discutiendo temas irrelevantes.

¿Qué es lo que menos le gusta de las reuniones?

No se toman decisiones	18%
Participantes no preparados	16%
No se respetó la agenda	12%
No comenzaron a tiempo	11%
Demoraron demasiado tiempo	11%
No estuvieron bien dirigidas	11%
No se focalizó en la agenda	11%
Notas inadecuadas	7%
No era necesaria mi participación	4%
TOTAL	100%

Fuente: 3M

En el mundo de la gestión de proyectos nos encontramos por lo general con dos tipos de reuniones causales de muda: las reuniones de coordinación y las reuniones de colaboración.

Las **reuniones de coordinación** son aquellas dirigidas por el director del proyecto, donde convoca a sus miembros del equipo de trabajo a fin de facilitar la colaboración y comunicación entre ellos.

Por su parte, las **reuniones de colaboración** se llevan a cabo entre miembros del equipo de trabajo para discutir algún problema de índole técnico o desarrollar una oportunidad de mercado.

En ambos tipos de reuniones cometemos pecados similares de mala administración del tiempo. Sin embargo, son reuniones con una problemática de fondo diferente, por lo que en las próximas secciones serán tratadas en forma separada.

Caso México - El éxito de no reunirse

Hace un par de años nos tocó liderar un proyecto de inversión sobre cursos de educación a distancia. Las distancias entre nuestro lugar de trabajo y México, más la gran dispersión geográfica entre los distintos miembros del equipo, hacían que la coordinación de reuniones con la participación de todos los interesados fuese una verdadera odisea.

Cuando el proyecto estaba llegando a su etapa de cierre, dedicamos varios días a planificar el formato de la presentación, incluyendo los principales resultados del trabajo: diagnóstico, alternativas, estrategia, producto, rentabilidad, etc. Pero faltaba lo más difícil, encontrar una fecha en la que todos los involucrados pudieran estar presentes.

A medida que preparábamos la presentación decidimos colocar gran cantidad de animaciones y voces grabadas de fondo, explicando en detalle cada una de las filminas. Esto serviría para enviar la presentación por correo electrónico a los involucrados, en caso de que se siguiera dilatando la fecha de la reunión.

Finalmente, les enviamos la presentación dinámica para que evaluaran el proyecto. De esa forma dejaríamos la reunión para discutir solamente detalles finales. La respuesta a la presentación fue espectacular. No podían creer que en tan solo veinte minutos, tiempo que duraba la presentación y sin moverse de su escritorio de trabajo, habían entendido el proyecto a la perfección.

El impacto fue tan fuerte que no hubo necesidad de la reunión. Mejor aún, a los pocos meses, el proyecto estaba en ejecución y con una rentabilidad por encima de la media prevista.

Conclusión: ¡hay veces que el éxito de una reunión es NO hacerla!

8.2 REUNIONES DE COORDINACIÓN

Un error que se suele cometer en las reuniones de coordinación es discutir problemas técnicos. Este tipo de discusión debería tener lugar en una reunión por separado y utilizar el tiempo de las reuniones de coordinación para evaluar temas tales como:

- Definir quién está por comenzar alguna actividad del proyecto.

- Evaluar quién está por finalizar una actividad del proyecto.

- Qué recursos materiales y humanos necesitan los miembros del equipo para ejecutar las actividades del proyecto sin trabas o interrupciones.

- Facilitar la ejecución del proyecto acorde al plan.

En varias organizaciones este tipo de reuniones se realiza con una frecuencia semanal, con una duración promedio, en el mejor de los casos, de una hora.

Como se presenta en la figura a continuación, mientras más alejado nos encontramos del día de la reunión, menor es el esfuerzo que dedicamos a prepararnos para la misma. Por ejemplo, si la reunión fuese todos los viernes, los lunes dedicaríamos escaso tiempo a trabajar en el proyecto y los jueves por la noche podríamos estar trabajando intensamente para completar los temas pendientes del proyecto para esa reunión.

Esta demora en preparar los temas de la reunión puede ser perjudicial, ya que debe hacerse un esfuerzo adicional para recordar los temas discutidos varios días atrás. Además, esta distancia entre reuniones puede generar desperdicios tipo 2, perdiendo tiempo al inicio de la reunión con introducciones a los temas discutidos la semana previa.

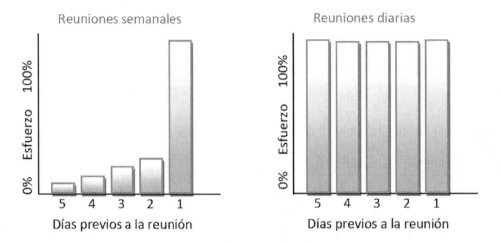

Lo que sugerimos es cambiar esas reuniones semanales de una hora por reuniones más frecuentes, por ejemplo **reuniones diarias de diez minutos**. Si en su empresa realiza una reunión mensual, podría comenzar bajando la frecuencia a reuniones semanales.

Las reuniones de coordinación deberían ser muy breves con una temática muy simple, como por ejemplo:

- ¿Qué valor crearon ayer?
- ¿Cuáles son sus planes para hoy?
- ¿Qué necesitan del resto del equipo para alcanzar sus objetivos?

Las reuniones diarias obligan a los miembros del equipo a mantener un esfuerzo constante para preparar la misma. Estas reuniones frecuentes traerán aparejado algunas ventajas adicionales, como las que se mencionan a continuación:

- Facilitar la reasignación de recursos en tiempo real.
- Priorizar aquellas actividades creadoras de valor.
- Establecer un plan de trabajo claro para cada día.
- Comprometer emotivamente a los miembros del equipo.

No debe caerse en el error de ser demasiado ortodoxos en la planificación de las reuniones de coordinación, ya que algunas veces es necesario convocar este tipo de reuniones a partir de determinados eventos de urgencia. Si bien se dijo que estas reuniones no debieran estar muy espaciadas, la frecuencia de las mismas debería reflejar las presiones sobre el cumplimiento de tiempos, costos, calidad y alcance del proyecto.

Para que estas reuniones sean efectivas es necesario que asistan todas las partes interesadas. Sin embargo, no debería intentar coordinar a más de quince personas a la vez. Si el equipo de proyectos supera este número, divídalo en subgrupos para coordinarlos en forma separada.

Caso Costa Rica - Descuido en reuniones

Se acostumbra decir que la clave del éxito de una buena reunión es la buena planificación del orden del día y la buena administración del tiempo para ajustarse a la agenda.

Eso es necesario pero no suficiente. Cualquier descuido durante la reunión podría destruir toda la planificación y gestión del tiempo. Un facilitador de una reunión de coordinación de equipos de trabajo había ultimado los detalles de sonido previos a la reunión y mientras la sala se llenaba de participantes ticos, aprovechó para ir al baño. Al volver al podio, para dar comienzo a la exposición, los participantes no paraban de reír, todo estaba fuera de control.

Pero, ¿qué había pasado? Pues que, por descuido, el expositor había dejado su micrófono inalámbrico encendido y los asistentes habían escuchado todos los sonidos hechos durante su recorrido.

Conclusión: es bueno romper el hielo al comienzo de la reunión, una forma es haciendo reír a la audiencia... pero no olvide apagar el micrófono después de las pruebas de sonido si pasa por el baño. ☺

8.3 REUNIONES DE COLABORACIÓN

1.6   Mientras que las reuniones de coordinación solo requieren una revisión del estado del proyecto, en las reuniones de colaboración se discuten en profundidad los avances o problemas técnicos del mismo. Generalmente estas reuniones técnicas se llevan a cabo entre pocos participantes.

El objetivo de estas reuniones es compartir el conocimiento, seleccionar entre distintas alternativas y resolver los problemas técnicos.

Al igual que en las reuniones de coordinación, algunas organizaciones acuerdan llevarlas a cabo en forma semanal. Como se observa en la figura a continuación, mientras más espaciadas son las reuniones existe un mayor riesgo de generar desperdicios o ineficiencias en el proyecto.

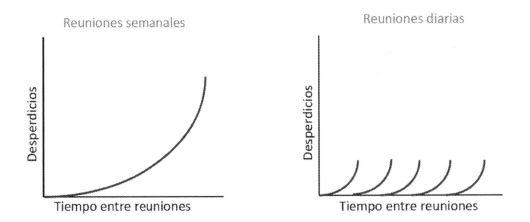

Por ejemplo, si algún miembro del equipo descubre algún error o problema durante la semana suele guardar esa valiosa información como tema de discusión para la próxima reunión. Este bache de tiempo podría ocasionar grandes ineficiencias si el resto del equipo sigue trabajando sin conocimiento del problema, ya que el trabajo realizado hasta que se enteren del error podría haber sido en vano.

Aquí también la sugerencia para la solución del problema es muy simple: acortar la frecuencia entre reuniones y focalizar la reunión en temas tales como:

- ¿Quién es el cliente del producto?
- ¿Qué producto tangible estamos creando?
- ¿Cómo afectará el producto al éxito de nuestro proyecto?

Recomendaciones para las reuniones de colaboración

1. Restringir la reunión a NO más de dos horas.
2. Preparar las tareas con anticipación.
3. Tener en la agenda un solo tema, o varios estrechamente relacionados.
4. Solo invitar a las personas que necesitan estar, con puntualidad... Las demás no serán bienvenidas.
5. Respetar el horario de finalización de la reunión para evitar la Ley de Parkinson: "las actividades se extienden el tiempo disponible". En otras palabras, la reunión se extenderá todo el tiempo disponible si no se respetan los horarios.

Se recomienda llevar a cabo las reuniones de colaboración en una sala donde esté centralizada toda la información del proyecto. ¿Cuánto tiempo pierde en buscar la información necesaria? ¿Y en encontrar las últimas versiones actualizadas?

Hay que evitar este tipo de ineficiencias construyendo lo que se denomina **sala de proyectos**, donde los miembros se aseguren que allí se encuentra toda la información actualizada. En aquellos proyectos donde las distancias entre los miembros del equipo impiden una sala física de reuniones, una buena alternativa es construir una sala virtual del proyecto a través de intranet.

Caso España - Deje huellas en sus reuniones

Durante un viaje de negocios por el viejo continente europeo, tuvimos una reunión de colaboración en una pequeña ciudad de España. En esa oportunidad debíamos discutir los avances sobre un proyecto de productos supercongelados gourmet, que iban a formar parte del vivero de empresas de la ciudad, organización conectada a la red de viveros de la Comunidad Europea. Esta era la tercera reunión de colaboración entre cuatro miembros del equipo de trabajo para discutir algunas alternativas técnicas.

Inicio de la reunión, la conversación:

María: ¿Quién era el responsable de investigar las alternativas tecnológicas que utilizan los países asiáticos?

Jorge: ¿Pero acaso no discutimos eso en *nuestra última reunión*?

Marta: *Yo estaba convencida de que eso se decidió en la reunión anterior.*

Pedro: *Pero yo creí que tú estabas haciendo eso.*

Entonces... "volver a empezar...".

¿Cuál fue la causa raíz del problema? No dejar por escrito la minuta de lo que se decidió en una reunión. ¡Ese fue exactamente nuestro error! No tuvimos presente que cada individuo selecciona y retiene información de manera diferente. Lo que para algunos puede ser muy importante para otros puede ser lo menos significativo.

Conclusión: Dejar siempre por escrito las decisiones más importantes de cada reunión, incluyendo los roles y responsabilidades de cada uno de los involucrados. De esta forma creará una especie de memoria compartida entre el equipo con algunos beneficios tangibles tales como:

- Disminuir la necesidad de revisar constantemente decisiones tomadas en el pasado.
- Recapitular fácilmente antiguas decisiones y temas importantes.
- Incrementar la confianza en que las decisiones tomadas serán implementadas con acciones concretas.

LECCIONES APRENDIDAS

Las reuniones programadas con muchos invitados y una agenda infinita son parte de una cultura poco ágil.

Una empresa orientada hacia proyectos exige reuniones cortas e intensas, programadas exclusivamente cuando sean necesarias.

Las reuniones de coordinación deberían llevarse a cabo solo para facilitar la ejecución del proyecto sin interrupciones. Mientras que en las reuniones de colaboración deberían discutirse los problemas técnicos.

Largas reuniones periódicas espaciadas, por ejemplo mensuales o semanales, generalmente son causales de muda. Este desperdicio podría eliminarse reduciendo la duración y periodicidad, por ejemplo, reuniones diarias de diez minutos.

Por último, hay veces donde no reunirse es la clave de una reunión exitosa.

9 MANDAMIENTO #4
NO TE OLVIDARÁS DEL ANÁLISIS DE RIESGOS

Si queremos acelerar los plazos de ejecución del proyecto, es fundamental una buena identificación, cuantificación, priorización y plan de respuesta a los riesgos.

9.1 ANÁLISIS DE RIESGOS

El riesgo es un evento incierto que, en caso que ocurra, tendrá un efecto negativo o positivo sobre el proyecto. Los riesgos no se pueden eliminar, pero sí se pueden administrar.

La administración del riesgo del proyecto es un proceso sistemático que identifica, analiza, prioriza y responde a los riesgos. Según la Guía del PMBOK®, se distinguen seis procesos de gestión para la administración del riesgo, que se mencionan a continuación:

1. **Planificación**: se decide cómo se va a planificar la gestión de riesgo en las distintas actividades del proyecto.

2. **Identificación:** se determinan cuáles riesgos podrían llegar a afectar al proyecto y se documentan las características de cada uno de ellos.

3. **Análisis cualitativo:** se evalúa el impacto y probabilidad de los riesgos identificados, priorizando los mismos según su potencial impacto sobre el proyecto.

4. **Análisis cuantitativo**: se analiza numéricamente la probabilidad de cada riesgo y su consecuencia sobre los objetivos del proyecto.

5. **Planificación de la respuesta al riesgo**: se desarrollan acciones para mejorar las oportunidades y reducir las amenazas sobre los objetivos del proyecto.

6. **Monitoreo y control:** se lleva a cabo el seguimiento de los riesgos identificados, se detectan aquellos riesgos residuales no identificados con anterioridad y se identifican nuevos riesgos.

No es objeto de este libro profundizar detalladamente el análisis de riesgo del proyecto. Sin embargo, se explicará en forma concisa cómo podría realizarse un análisis de riesgo con tres pasos básicos:

- **Identificar** riesgos en agenda, costos, alcance y calidad.

- **Análisis cualitativo** para estimar el posible impacto, probabilidad de ocurrencia y probabilidad de detección de cada uno de los riesgos identificados.

- **Priorización** de riesgos y toma de decisiones.

9.2 IDENTIFICACIÓN DE RIESGOS

Una de las técnicas más utilizadas en el proceso de identificación de riesgos son las entrevistas con personas especializadas.

Generalmente, la persona responsable de la identificación del riesgo selecciona a los individuos apropiados por entrevistar, les brinda información sobre el proyecto y les pide su opinión en relación a los riesgos de su área del proyecto.

Con el proceso de entrevistas se obtiene información sobre el riesgo asociado al proyecto en relación al alcance, tiempos, costos y calidad.

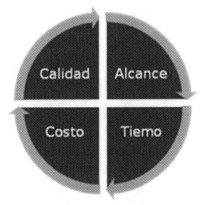

Las entrevistas permitirán identificar los principales riesgos del proyecto y se convertirán en el punto de partida del análisis cualitativo.

El resultado final del proceso de identificación del riesgo no solo será el documento que incluye todos los posibles riesgos del proyecto, sino también se identificarán cuáles son los disparadores del riesgo. Por ejemplo:

- El retraso de alguna de las actividades críticas del proyecto puede ser el disparador para estimar un atraso en todo el proyecto.

- El efecto de un tornado puede ser el disparador para estimar un mayor precio de los productos agrícolas.

9.3 ANÁLISIS CUALITATIVO Y PRIORIZACIÓN

Una vez identificados los riesgos es necesario clasificarlos. Con el análisis cualitativo se pueden priorizar los riesgos, definiendo para cada uno de ellos:

- La probabilidad de ocurrencia.
- La magnitud del impacto sobre el proyecto.
- La probabilidad de detectar el evento riesgoso.

En el enfoque tradicional de administración de riesgos solo se considera la probabilidad de ocurrencia y el impacto. Sin embargo, hemos introducido una tercera variable en el análisis de riesgo: la probabilidad de detección.

Por ejemplo, no es lo mismo estar manejando su automóvil y fundir el motor porque se quedó sin aceite, a tener una luz roja en el tablero que indique "se está por quedar sin aceite". Cuando existe la posibilidad de detectar un evento riesgoso se está en mejores condiciones para prevenir un problema, que cuando no existe posibilidad de detección alguna.

Si se identifica un huracán como un posible riesgo, se podría pedir a expertos que digan cuál es la probabilidad de que el huracán pase por el lugar del proyecto, cuán grave sería el impacto sobre el proyecto (en tiempos, costos, alcance, calidad) y qué probabilidad existe de detectarlo con cierta anticipación.

En el análisis cualitativo del riesgo la respuesta a cada una de estas incógnitas podría ser: muy alto, alto, medio, bajo y muy bajo. Pero podría elegirse una escala más amplia, como sería del 1 al 10, o una escala más simple: alto, medio y bajo. Con estas definiciones de probabilidad de ocurrencia, impacto y probabilidad de detección, se puede elaborar una matriz de riesgo como la que se presenta a continuación.

Probabilidad	Impacto	Detección	Prioridad
Alta	Alto	Baja	ALTA
...	...	...	
Media	Medio	Media	MEDIA
...	...	...	
Baja	Bajo	Alto	BAJA

Se podrían categorizar los riesgos con alta prioridad, media prioridad o baja prioridad. Esta categorización es subjetiva y varía para cada proyecto en particular.

El peor riesgo sería aquel con alta probabilidad de ocurrencia, alto impacto sobre el proyecto y una baja probabilidad de detección. En el otro extremo, el riesgo menos significativo sería aquel que tiene baja probabilidad de ocurrencia, bajo impacto y una alta probabilidad de detección.

También se podría cuantificar el riesgo colocando alguna valoración ordinal. Por ejemplo, se podría asignar un puntaje de 1, 2 y 3. Donde 1 significa poco importante y 3 significa muy importante. Luego, se multiplican esos valores entre sí y se calcula un puntaje cualitativo para cada riesgo identificado.

Probabilidad	Impacto	Detección	Puntaje	Prioridad
Alta = 3	Alto 0 3	Baja = 3	27	ALTA
...	...	...		
Media = 2	Medio = 2	Media = 2	8	MEDIA
...	...	...		
Baja = 1	Bajo = 1	Alto = 1	1	BAJA

Como se puede observar, en base a esta escala, el riesgo más significativo tendría un puntaje de 27 y el menos importante tendría un puntaje de 1. Utilizando estos valores se pueden ordenar los distintos riesgos o se pueden agrupar en grandes categorías de riesgo. Por ejemplo:

- Puntaje 1 a 3: riesgos de prioridad baja.
- Puntaje 4 a 9: riesgos de prioridad media.
- Puntaje 10 a 27: riesgos de prioridad alta.

Cabe aclarar que esto es solo un ejemplo de cómo utilizar el método; los valores ordinales y las categorías de riesgo variarán para cada proyecto en particular.

Si bien estas categorizaciones de los riesgos son subjetivas, son de gran utilidad para ordenar los riesgos. Una vez ordenados, se pueden priorizar y ver cuáles de ellos requieren mayor análisis y cuáles no son relevantes como para destinar mayores recursos en analizarlos.

No cabe duda de que esta herramienta subjetiva dista mucho de ser exacta. Sin embargo, suele ser muy útil y práctica para comenzar con un análisis simple de riesgo. Luego, aquellos riesgos de alta prioridad deberían ser examinados con un análisis más exhaustivo.

📖 Ejercicio 7 – Análisis cualitativo de riesgos

Romina Enrik, Gerente General de una empresa internacional, está con su equipo de trabajo revisando el diseño final de un proyecto de telecomunicaciones.

<u>Romina</u>: *Señores les propongo que no perdamos más tiempo en este tipo de revisiones de diseño y pongamos en práctica el mandamiento #4 de Paul Leido: "realizar análisis de riesgo". Porque no dejamos las felicitaciones de nuestro diseño para el bar. Hoy podemos salir dos horas antes para festejar que nuestro Cliente nos aprobó el plan del proyecto. Aprovechemos esta reunión para realizar un análisis de riesgo cualitativo a los fines de poder hacer una priorización de los potenciales riesgos que podemos enfrentar en la etapa de ejecución.*

El cronograma original del proyecto puede verse afectado ante demoras aduaneras debido a posibles paros anunciados por los trabajadores portuarios. En caso de un paro, la agenda sufriría un retraso de pocos días lo que representa un bajo impacto en el proyecto. Se estima una probabilidad de ocurrencia alta para que ocurra este evento riesgoso. Por su parte, la probabilidad de detectar el paro con unos días de anticipación es media.

Por otro lado, los técnicos han detectado que factores climáticos adversos podrían ocurrir. En caso de un clima desfavorable, el proyecto tendría un alto impacto sobre la agenda. Existe una alta probabilidad de mal clima en la época que se quiere llevar a cabo el proyecto. La probabilidad de detectar el mal clima con anticipación es baja.

Por último, es dable esperar que algún trabajador pueda enfermarse durante la implementación del proyecto. Si esto ocurriese, lo cual tiene una probabilidad moderada, el proyecto tendría un retraso moderado en su agenda. La probabilidad de detectar con anticipación este evento riesgoso es baja.

¿Qué prioridad le daría a cada riesgo identificado en el proyecto?

✍ Dedica 10 minutos a completar la respuesta antes de continuar la lectura.

📖 Respuesta - Ejercicio 7

Trabajando con una escala cualitativa del 1 (bueno) a 3 (malo), en la tabla a continuación colocamos el puntaje de riesgos y la prioridad de cada riesgo identificado.

	Impacto	Probabilidad	Detección	Puntaje	Prioridad
Paros	1	3	2	6	3º
Clima	3	3	3	27	1º
Enfermedad	2	2	3	12	2º

Una vez identificado el riesgo más importante, en este caso los factores climáticos, es necesario realizar un plan de respuesta a ese riesgo. Por ejemplo, si se realizan muros de contención o planes de evacuación, una vez que ocurra el problema climático el impacto ya no sería tan alto. Por su parte, si cambia la fecha de inicio del proyecto, se podría trabajar en una época de menor riesgo climático, por lo que la probabilidad de mal clima ya no sería tan elevada. Por último, si se contrata a un servicio meteorológico especializado, se podría contar con alarmas tempranas que nos avisen que está por venir el mal clima y estar mejor preparados para enfrentar ese evento negativo.

Recomendaciones para reuniones de análisis de riesgos

1. Restringir la reunión a no más de medio día. Si fuera necesario, dividir al proyecto en partes menores a ser discutidas por separado.

2. Solo invitar a aquellas personas idóneas que conozcan de posibles riesgos.

3. Priorice la calidad, más que la cantidad de invitados a la reunión.

4. Realice una tormenta de ideas con los miembros de la reunión para identificar posibles riesgos.

5. No destinar más de treinta minutos a discutir cada uno de los potenciales riesgos identificados.

6. Cuantificar en forma cualitativa cada uno de los riesgos identificados, en base a su probabilidad de ocurrencia, impacto y probabilidad de detección.

7. Ordene los riesgos cuantificados en grandes categorías. Por ejemplo, prioridad alta, media y baja.

8. Concéntrese en profundizar el análisis en aquellos riesgos de alta prioridad y busque planes de respuesta al riesgo para los mismos.

LECCIONES APRENDIDAS

Realizar un análisis de riesgos antes de que comience la ejecución del proyecto es ser proactivos para mitigar futuros problemas, lo que ayudará a tener un proyecto más ágil y eficiente.

Queda claro que el riesgo no lo podemos eliminar. Sin embargo, siempre lo podremos gestionar mediante una buena planificación, identificación, análisis cualitativo, análisis cuantitativo, planificar la respuesta, monitoreo y control.

Con el análisis cualitativo de riesgo se pueden detectar aquellos riesgos más significativos que podrían deteriorar los costos, calidad o plazos del proyecto, a los fines de priorizar los riesgos más importantes e implementar planes de respuesta al riesgo para mitigar los mismos.

Si tiene un sueño
y crees en el ...

Corres el **riesgo** de que se
convierta en realidad

Walt Disney

10 MANDAMIENTO #5
LEVANTARÁS LAS ETAPAS TRADICIONALES

Ayuda a tus semejantes a levantar su carga, pero no te consideres obligado a llevársela.

PITÁGORAS DE SAMOS (582 AC-497 AC)
Filósofo y matemático griego

Reflexionaremos sobre aquellos procesos tradicionales ineficientes que tenemos impregnados en algunas organizaciones y no nos animamos a cambiar convencidos de que son un mal necesario.

10.1 AVERSIÓN AL CAMBIO

A lo largo de los años, las empresas han construido procesos burocráticos para gestionar proyectos que, en algunos casos, ya no son aplicables a los tiempos modernos en que vivimos. Sin embargo, como estos procesos ya están arraigados en la compañía y funcionan "bien", nadie tiene intención de cambiarlos. Como habrá podido observar, la palabra "bien" aparece entre comillas, ya que estos procesos anticuados podrían ser mejorados a los fines de alcanzar un proyecto ágil y evitar conflictos innecesarios.

Ahora bien, ¿por qué nadie se anima a cambiar estos procesos tradicionales por algo mejor?

A continuación, relataremos una historia para responder a esta pregunta.

A las personas no les molesta cambiar...

Lo que no quieren es que las cambien

Caso Venezuela - Experimento de los tres gatos

Unos científicos decidieron realizar un experimento. Encerraron a tres gatos en una habitación y pusieron un vaso de leche en una esquina.

Rápidamente uno de los gatos quiso ir a tomar leche y los científicos les tiraron un chorro de agua fría a los tres gatos.

Otro gato intentó tomar leche y el chorro de agua fría cayó nuevamente sobre ellos.

Luego de recibir varias mangueras de agua fría, los gatos, que no tienen ni un pelo de tontos, aprendieron la relación que había entre intentar tomar de ese vaso de leche y el agua fría. Ergo, ninguno de ellos volvió a intentarlo.

Los científicos sacaron a un gato de la sala y colocaron un gato nuevo. El gato nuevo lo primero que intentó hacer fue ir a tomar del vaso de leche, pero los dos gatos antiguos le dieron una paliza para que no lo hiciera, ya que no querían saber nada con el agua fría. El gato nuevo aprendió la lección rápidamente, *"a ese rincón no voy más, porque me pegan"*, pensó.

Luego sacaron a otro de los gatos antiguos y colocaron otro nuevo. Este gatito también recibió una paliza de sus compañeros cuando intentó acercarse a la leche.

Por último, los científicos cambiaron al tercer gato antiguo por otro nuevo, que también recibió la golpiza de sus compañeros cuando quiso ir en busca de la leche.

En la sala ya no quedaba ninguno de los tres gatos originales, sin embargo, los gatos no se animaban a acercarse al vaso de leche por miedo a las represalias de sus compañeros.

Los científicos desconectaron la manguera de agua y se fueron. Pasaron los años y ningún gato se acercó más al vaso de leche. Si alguno lo hubiera hecho, no habría pasado nada, pero no lo hacían porque el proceso tradicional decía: *"¡eso no se hace!"*.

Conclusión: El problema de muchas empresas que no quieren cambiar sus procesos tradicionales para gestionar proyectos, muchas veces solo está justificado en una tradición o costumbre.

Como podemos deducir de la historia anterior, algunas empresas no se han preguntado si esos procesos históricos, que pueden haber sido muy útiles en el pasado, siguen siendo válidos en el mundo de hoy.

 Video – Resistencia al cambio

10.2 EL CONGELAMIENTO DE ETAPAS

Uno de los problemas que suelen tener algunos procesos tradicionales es que quedan muy alejadas o desvinculadas las distintas etapas del proyecto. La excusa para no realizar actividades en paralelo es que eso incrementaría el riesgo del proyecto. Sin embargo, en muchas oportunidades el problema de fondo está en la aversión al cambio y en seguir arraigados a procesos tradicionales.

Por ejemplo, en el proyecto de construcción de una casa, puede ocurrir que el constructor tradicionalista no quiera comenzar la etapa de construcción hasta que el cliente defina con exactitud todas las especificaciones formales de la obra. Esto es así, porque, si no, correría el riesgo de comenzar con algo que luego no cumpla con las expectativas del cliente. Luego, el cliente disconforme podría solicitar cambios en lo realizado, con todos los dolores de cabeza y consecuencias monetarias que esto trae aparejado.

Sin embargo, con el concepto moderno de trabajar con procesos de etapas congeladas, este riesgo podría evitarse. Con este enfoque se pueden trabajar etapas en paralelo sin incrementar el riesgo del proyecto y al mismo tiempo acortar la duración del mismo.

Siguiendo con el ejemplo de la construcción, el cliente podría definir especificaciones preliminares generales como los planos de obra gruesa. Con este dato preliminar será suficiente para que el constructor comience a levantar los cimientos de la obra. Luego, con la obra ya en marcha, el cliente podría definir en detalle el tipo y diseño de cobertura (techos) que llevará la casa. Por último, con la obra gruesa bien avanzada el cliente podría definir en detalle el tipo de terminaciones que quiere para la obra fina. Con el esquema de trabajo del congelamiento de etapas se pueden acortar los tiempos en el proyecto sin mayores riesgos, como se presenta en el gráfico a continuación.

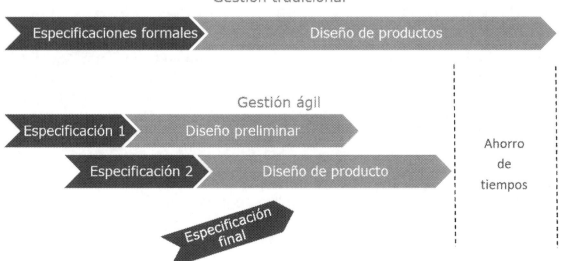

10.3 EL EMBUDO DE LAS ETAPAS CONGELADAS

El esquema de las etapas congeladas puede ser conceptualizado como una especie de embudo donde a medida que avanza el proyecto y fluyen las decisiones se torna muy difícil o costoso volver hacia atrás.

En el extremo superior de este embudo la definición del proyecto es bastante difusa, por lo que se podría definir como un vale todo. Una vez que se pasa esta etapa difusa preliminar, cliente y contratista deberían acordar un diseño conceptual de lo que van a realizar. Pasada esta etapa podrían definir un prototipo preliminar antes de llegar al producto definitivo.

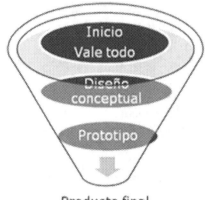

Producto final

Una de las grandes ventajas de trabajar con este esquema de etapas congeladas, es decir, pre-acordadas entre las partes, es evitar los típicos problemas que surgen en el esquema tradicional. Generalmente el cliente solicita un producto final y, por más definido que uno crea que están todas las especificaciones en el contrato, la realidad de los proyectos es que al inicio son bastante difusas. Lo que suele ocurrir es que el contratista sigue al pie de la letra el contrato y, a pesar de ello, el cliente queda disconforme con el producto final y, por lo tanto, también con el contratista.

Al definir etapas congeladas entre las partes, se compromete al cliente a las decisiones que se van tomando a medida que avanza el proyecto. Con estas decisiones pre-acordadas, el cliente toma conciencia de que volver para atrás será muy costoso o imposible. Esto también da flexibilidad a las partes para incorporar los nuevos descubrimientos, o cambios estratégicos, que suelen aparecer a medida que avanza el proyecto.

Este enfoque no es perfecto, pero, si alguna pequeña porción de los típicos cambios en la vida de un proyecto pudieran anticiparse y capturarse dentro de cada periodo de las etapas congeladas, se podría ahorrar bastante tiempo y dinero.

Caso Panamá - Construcción de páginas web

La empresa Webmaker sufría permanentemente grandes pérdidas de tiempo y dinero por culpa de los clientes indecisos que cambiaban sus decisiones sobre el diseño de la página web, que ya había sido entregada y finalizada acorde al presupuesto y plan de trabajo. Esto se debía principalmente a que los clientes no tenían claro al inicio del proyecto que era lo que realmente precisaban y sus necesidades se terminaban de definir cuando el producto estaba finalizado. Entonces, Webmaker decidió cambiar la forma de trabajo con sus clientes, definiendo el siguiente modelo de etapas congeladas:

1ª reunión - Mostrar al cliente distintas páginas webs en funcionamiento, para relevar si alguna cubría los requerimientos que habían explicitado en el contrato.

2ª reunión - Definir el lenguaje de programación a utilizar: html, flash, etc.

3ª reunión - Presentar al cliente tres prototipos preliminares para su elección.

4ª reunión - Entregar la página final.

Con este esquema de trabajo, Webmaker mejoró considerablemente su relación con los clientes y empezó a ahorrar recursos y tiempo. Por su parte, los clientes se comenzaron a comprometer desde el inicio con el proyecto y se dieron cuenta de que a medida que tomaban una decisión de avance, los cambios futuros correrían a costa de ellos. También ocurrió en algunos casos que los clientes no tomaban decisiones de avance, por estar inseguros y el proyecto quedaba en stand-by hasta que tomaran una decisión. En estos casos, los clientes comprendían perfectamente que la demora en la entrega del producto final, en relación al contrato inicial, la habían ocasionado ellos mismos.

Conclusión: trabajar con un esquema de etapas congeladas ayuda a que el cliente comprenda que cualquier cambio de requerimientos en relación a una etapa aprobada previamente, retrasará el proyecto y lo hará más costoso.

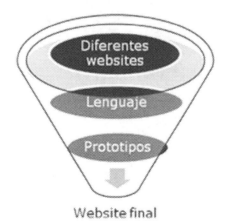

Website final

10.4 VELOCIDAD DEL PROCESO DE ETAPAS CONGELADAS

Al implementar el esquema de etapas congeladas aparece un trade-off entre:

- Acelerar el proceso, para obtener rápidamente un producto final limitado.

- Demorar el proceso, para obtener un producto final que evalúe varias alternativas, a costa de un mayor plazo en su ejecución.

Como se observa en el gráfico a continuación, si uno acorta demasiado el proceso y en el extremo difuso inicial se define un concepto vacuno, como producto final no se podrá obtener un concepto avícola.

Producto final
Vaca-Buey

Al acelerar el proceso puede que analicemos pocas alternativas, por ejemplo, proyectos vacunos: vaca y buey. Ergo, el resultado final será solamente un proyecto vacuno: vaca y/o buey, dejando de lado otras alternativas que podrían haber sido atractivas, como por ejemplo, un proyecto avícola.

Por su parte, si uno demora el proceso, puede evaluar mayor cantidad de alternativas y mejorar el concepto del producto final. Por ejemplo, como se muestra en el gráfico a continuación, en el extremo inicial del vale todo, se podría discutir sobre alternativas de vaca, tigre, pollo o caballo.

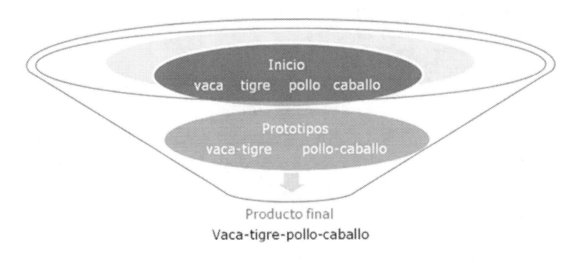

Producto final
Vaca-tigre-pollo-caballo

Al avanzar el proceso, se podrían ir perfilando prototipos preliminares de modelos vaca-tigre y caballo-pollo. Por último, se podría llegar a un producto final vaca-tigre-caballo-pollo. Imagine usted lo que sería aprovechar las ventajas de la revolución biotecnológica para tener en su casa un caballo que ponga huevos y dé leche, pero que al mismo tiempo cuide de su hogar como un tigre.

¿Qué tan lejos estaremos de estas cosas?

Caso Honduras - Camisas on-line

La empresa Camisasa perdía mucho dinero (lempiras) por los constantes cambios de la industria de la moda. En más de una oportunidad, una vez que había avanzado todo el proceso de confección de una camisa, previo estudio de mercado, este cambiaba repentinamente. Esto impactaba negativamente sobre la empresa, que se quedaba con un gran stock de camisas sin poder vender ni siquiera a precio de liquidación.

Cuando Camisasa estaba al borde de la bancarrota decidió cambiar sus procesos tradicionales de producción y de comercialización. Comenzó a vender sus camisas solo por Internet, pero con una particularidad: el cliente armaba la camisa a su medida y gusto. La empresa solo se dedicaba a producir las piezas con muchas variedades de telas, cuellos, botones, bolsillos y puños, el cliente se encargaba de unir las partes que más le gustaban on-line, donde tenía más alternativas de combinaciones de moda que cualquier otra empresa tradicional.

De esta forma, Camisasa mantenía abierto el embudo de alternativas para el cliente hasta último momento, cuando decidía unir las partes y pagar vía Internet. Los materiales de confección que pasaban de moda eran fácilmente colocados en forma individual a distintos fabricantes mayoristas, que generalmente los utilizaban para prendas distintas a las camisas.

El éxito de Camisasa fue tan grande que rápidamente importantes empresas europeas de moda implementaron ese sistema de comercialización.

Conclusión: mantener el embudo abierto la mayor cantidad de tiempo posible para dar grandes alternativas de selección al cliente, suele ser una ventaja competitiva.

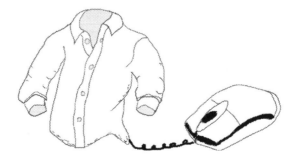

10.5 LAS NECESIDADES BORROSAS DEL CLIENTE

Lo más dificultoso del proceso de las etapas congeladas es comprender las necesidades borrosas del cliente, para poder evitar los futuros cambios con el proyecto avanzado. Existen algunas herramientas para mejorar este problema, como por ejemplo:

- **Feedback iterativo** entre diseñadores y cliente. Si los diseñadores y técnicos no toman contacto fluido con el cliente se cae en el riesgo de terminar con un producto hecho por ingenieros para el limitado uso de ingenieros.

- **Prototipos preliminares** construidos en base a prueba y error. Antes de sacar el producto final al mercado, podrían lanzarse pruebas preliminares para evaluar qué grado de aceptación tiene según el cliente. Luego de conocer la opinión de los clientes, se vuelve a mejorar el prototipo preliminar para hacer otra prueba. Con este proceso de prueba y error, se puede llegar a un producto final que esté en condiciones de producirse a escala masiva.

- **Involucrar a la alta gerencia** en el proyecto. En algunos proyectos el equipo de trabajo queda aislado en el desarrollo del producto, no solo del cliente, sino de sus superiores (alta gerencia). Luego se presenta un producto final que no satisface a los gerentes y es sujeto de reiteradas modificaciones antes de poder presentarlo al cliente. Así como se sugiere un feedback iterativo entre diseñador-cliente, también es importante obtener un feedback entre diseñador-gerencia, a medida que avanza el proyecto.

- **Pseudo clientes**. Este método consiste en convertir a los técnicos y diseñadores en pseudo clientes. En otras palabras, los diseñadores realizan y utilizan el producto en desarrollo de la misma forma que lo haría el consumidor final. En el caso a continuación se muestran dos ejemplos de esta herramienta.

Caso Japón - Pseudo clientes

Cuando Nissan quiso introducir sus modelos de autos al mercado europeo, antes de realizar los ajustes en sus vehículos, envió a cincuenta técnicos durante seis meses a vivir y manejar por toda Europa.

Por otro lado, cuando Matsushita creó un pequeño horno doméstico para fabricar pan y las ventas de ese producto fueron desastrosas, envió a los diseñadores del horno a trabajar durante tres meses como maestros panaderos en una panadería tradicional.

Ambas empresas japonesas, al aplicar la técnica de pseudo clientes lograron productos exitosos.

Nissan desarrolló modelos especiales para el mercado europeo, luego de una experiencia vivencial donde se relevaron las verdaderas necesidades de ese mercado.

Por su parte, Matsushita modificó su horno original en base a la experiencia de los ingenieros panaderos y su producto se convirtió en un éxito comercial, ya que el pan que producían era comestible.

Conclusión: si queremos un proyecto exitoso, los desarrolladores deben colocarse en los zapatos del cliente.

10.6 LEVANTAR LOS PROCESOS TRADICIONALES

Podemos extender el concepto de levantar etapas tradicionales a eliminar procesos tradicionales. Para explicar este concepto pondremos el caso de las aerolíneas.

Los procesos tradicionales de las grandes líneas aéreas latinoamericanas y su visión de crecimiento se basan en utilizar grandes aeropuertos hub (Panamá, Lima, San Salvador) y aviones con gran capacidad de pasajeros. De esta forma se logran economías de escala para mantener costos bajos de operación y un bajo margen de marcación en los pasajes. Este es el concepto de éxito que está impregnado en estas aerolíneas y sus estrategias se basan en ello.

Ahora bien, ¿alguien se ha preguntado qué opina el pasajero al respecto?

Cuando se realizan encuestas de satisfacción, los pasajeros siempre responden que sus tres necesidades principales son:

- Seguridad
- Precio razonable
- Punto a punto

Al parecer, las aerolíneas han olvidado la necesidad del cliente del punto a punto. Esto significa que el pasajero estaría dispuesto a pagar más si alguna aerolínea le ofreciera viajar directamente desde su origen al destino final.

El concepto de grandes hubs y grandes aviones va totalmente en contra de la necesidad punto a punto. En el caso a continuación se puede ver uno de los tantos ejemplos de este problema, que surge por seguir implementando y expandiendo un proceso tradicional.

Caso Ecuador - Cómo viajar de Quito a Mendoza

Los miles de viajeros frecuentes que vivimos en pequeñas ciudades estamos atrapados en los procesos tradicionales de las aerolíneas latinoamericanas.

Hace unos años atrás, al finalizar un seminario en Quito (Ecuador), regresamos a Mendoza (Argentina). Gracias a Dios, tuvimos muy buena suerte para conseguir lugar en una conexión punto a punto para llegar rápidamente al destino. Luego de salir del hotel, tres horas antes del vuelo, llegamos al aeropuerto dos y media hora con anterioridad a la partida. Esto fue arriesgado, ya que la tendencia es estar en el mostrador tres horas antes de un vuelo internacional, si uno no quiere que luego le digan: "*lo sentimos, pero como no se presentó a tiempo, dimos de baja su boleto*".

Al llegar al aeropuerto hicimos la primera cola para ingresar al recinto, donde en el acceso el oficial solo se olvidó de pedirnos el grupo sanguíneo. La segunda gran cola la enfrentamos al realizar el check-in del vuelo, aunque una hora no fue tanto en relación a las colas tradicionales de los grandes hubs. La tercera cola fue para pagar el impuesto de salida, aunque veinte minutos no estuvieron tan mal. ¿Por qué no pagar ese impuesto en el mostrador del check-in?

Luego, siguieron dos pequeñas colas muy interesantes: una persona tenía que comprobar que el impuesto de salida pagado fuera real y, paso seguido, otro oficial revisaba que nos hubieran inspeccionado el impuesto. La sexta cola era la del control de migraciones y la séptima para que chequear el equipaje de mano. Por suerte, ya estábamos en la recta final y luego de una octava cola y larga espera logramos subir al avión. El vuelo hizo escala en Guayaquil, donde estuvimos solo cuarenta y cinco minutos y partió rumbo a Lima, donde tuvimos que esperar en el aeropuerto dos horas para cambiar de avión. Obviamente, allí también aguantamos largas colas para revisión de equipaje, porque la seguridad internacional, de los grandes genios del hub aeroportuario, así lo han decidido. Afortunadamente, luego de la cola que corresponde, embarcamos rumbo a Santiago de Chile sin la famosa sobre-espera por retraso de vuelo.

En Chile volvieron a revisar el equipaje, después de la cola que corresponde y luego de varias horas más de espera embarcamos para Mendoza, después de otra cola. Además, tuvimos la gran suerte que la neblina no suspendiera el vuelo, como habitualmente sucede. Una vez que llegamos a Mendoza hicimos la gran cola de migraciones –cuarenta y cinco minutos– y revisaron por cuarta vez el equipaje de mano. A eso le sumamos la espera del equipaje que venía en el avión, que también fue revisado.

La verdad es que todo salió espectacular y llegamos a casa en tiempo record: ¡dieciocho horas de viaje y catorce colas! Esto es poco usual, ya que generalmente algún vuelo se retrasa y un promedio entre veinte y veintidós horas de viaje es lo común. Y mejor no les contamos qué sucede al viajar desde San Pedro Sula (Honduras) hasta Mendoza, donde un viaje record lo hacemos en treinta horas, luego de escalas por todos los hubs que existen en Latinoamérica. Ni qué hablar del último viaje a Santo Domingo (República Dominicana), que luego de dos vuelos cancelados, la odisea se transformó en un viaje de cuarenta y nueve horas.

Conclusión: podrían levantarse muchos de los procesos tradicionales, que en realidad no tienen ningún valor desde el punto de vista del cliente.

¿No habrá llegado la hora de que las aerolíneas exploten este nicho de mercado de los que estamos dispuestos a pagar más por un punto a punto?

Eso sí, para ello habrá que levantar por completo los procesos tradicionales asociados con súper aeropuertos hubs y grandes aviones. El nuevo concepto debería basarse en procesos que impliquen pequeños aeropuertos eficientes, que cuiden la seguridad con el mínimo de controles necesarios y utilicen pequeños aviones para unir directamente pasajeros entre dos ciudades pequeñas.

Tal vez esta idea suena utópica y muy lejana por el momento, pero si se sigue desarrollando el modelo tradicional, ni siquiera con nuevos combustibles alternativos de bajo costo se podrá alcanzar la necesidad del cliente de punto a punto.

Por último, algunas alternativas para conseguir el punto a punto suelen ser trenes o colectivos. Sin embargo, hay algunas empresas que están copiando el modelo burocrático aeroportuario, solo porque ellos así lo hacen y se olvidan de la necesidad del cliente. Si no me cree, dé una vuelta por la moderna terminal de ómnibus de Neuquén (Argentina) donde el manejo de equipaje es con despacho y recolección en cintas transportadoras copiadas del modelo aeroportuario. Parece que se olvidaron que en el pasado el pasajero podía llegar a tomar un colectivo cinco minutos antes de su partida y demoraba cinco minutos en bajarse con equipaje incluido. Esto lo han cambiado por un pre-embarque de treinta minutos y una espera para retiro de equipaje de otros treinta minutos. Obviamente, ¡con el impuesto de salida que corresponde para administrar todo esto!

Si no se pueden eliminar los procesos tradicionales, por lo menos deberíamos intentar **NO seguir imitando aquellos procesos que descuidan las necesidades del cliente.**

LECCIONES APRENDIDAS

Si su empresa está impregnada de procesos tradicionales poco eficientes, pregúntese por qué no cambiarlos. Si la respuesta es "*porque la tradición no lo permite*", simplemente debería probar con levantar esos procesos. Es muy probable que descubra que esa aversión al cambio, innata en muchas organizaciones, no es tan difícil de eliminar.

Por su parte, es sumamente importante comprometer al cliente en los avances del proyecto. Para ello, el esquema de las etapas congeladas donde se van definiendo los avances del proyecto en forma conjunta con el cliente suele ser muy útil.

Lo más difícil de este esquema es entender las necesidades borrosas del cliente en las etapas iniciales. Para ello se pueden aplicar herramientas tales como:

- Feedback iterativo entre el equipo técnico y el cliente.
- Analizar prototipos preliminares.
- Involucrar en forma temprana a la alta gerencia.
- Hacer que el equipo de trabajo se ponga en los zapatos del cliente (pseudo-clientes)

11 MANDAMIENTO #6
CODICIARÁS LOS MÉTODOS VISUALES

El hombre nunca mira al cielo porque siempre lo tiene a la vista.

JEAN DE MONET (1744-1829)
Biólogo francés

Aquí analizaremos la importancia de trabajar con herramientas visuales, en lugar de largos documentos de texto.

📖 Ejercicio 8 – Señales visuales

Chapa Demo, director del proyecto, tiene muy pocas semanas para que su equipo finalice con el proyecto. Uno de los miembros claves del equipo se enferma, por lo que es muy importante contratar un reemplazante urgente para cumplir con la fecha de cierre del proyecto. La autorización de ese reemplazo depende del gerente funcional, jefe de Chapa.

Chapa: He llamado a varios empleados de la compañía, ¡pero ninguno está disponible para venir a trabajar! Les he enviado varios e-mails a mi jefe solicitando ayuda, pero no me responde. Acudí a la gerencia de recursos humanos para informar que deben reclutar urgente a alguien capacitado, o en su defecto, reasignar personal de otros proyectos para poder salvar este problema, pero tampoco se han mostrado demasiado preocupados.

Varias semanas más tarde este asunto se trata en una reunión de avance del proyecto, pero ya la fecha final está encima. Lo que se puede hacer para reparar la situación es casi nulo. No se podrá recuperar el tiempo perdido, el proyecto se retrasará y el cliente estará muy disconforme.

Muchos proyectos fracasan por circunstancias que sobrepasan la capacidad de control del equipo. Aunque los gerentes son muy buenos para resolver problemas, no es fácil encontrar ejecutivos que tomen decisiones en tiempo y forma en apoyo de los equipos de trabajo, para que de manera pro-activa mitiguen los potenciales problemas.

¿Cómo podría mitigar esta situación en futuros proyectos? ¿Se le ocurre algún método gráfico que pueda ayudar? ✋ 5 minutos

📖 Respuesta - Ejercicio 8

Los gerentes de empresas están plagados de problemas urgentes a los que deben responder. Cuando Chapa fue a comentar un problema más a su jefe, seguramente le dijeron *"después lo vemos"*, como para testear si realmente era importante o no.

Si pudiéramos ayudar a los gerentes a informarles lo realmente importante y prioritario, los proyectos podrían tener más chances de éxito. Sin embargo, comunicar desvíos del proyecto de palabra, como lo hizo Chapa, suele ser menos efectivo que cuando comunicamos de alguna manera gráfica. Por ejemplo:

- Marcar en rojo las actividades que se están retrasando y la fecha estimada de finalización debido a ese problema
- Graficar el monto adicional que se deberá pagar de multas debido al retraso de una actividad por falta de recursos humanos.
- Comunicar mediante un histograma de recursos la sobre-asignación o falta de recursos.
- Colocar semáforos de colores con el estado de avance del proyecto

A continuación desarrollaremos varias pistas que serán de utilidad al momento de comunicar gráficamente el estado de un proyecto.

11.1 MÉTODOS VISUALES

Más de una vez habrás escuchado la frase "**una foto vale más que mil palabras**". No hay nada más cierto que esa frase y en esto se basa el mandamiento de este capítulo.

Los escritos tienen la gran ventaja de ser sumamente flexibles, pero generalmente suelen ser ineficientes, al pecar en exceso con palabras que podrían haber sido evitadas. Todas estas palabras excesivas podrían reemplazarse con herramientas eficientes utilizando: colores, figuras, iconos, tablas, prototipos, etc.

No hay nada nuevo en esto de utilizar métodos visuales, pero, al parecer, el ser humano se ha encargado de burocratizar cosas simples con textos interminables. Piense que varios siglos atrás los griegos y los romanos ya utilizaban banderas con señales para implementar las tácticas de guerra en los campos de batalla.

¿Qué significan las figuras a continuación?

¡Correcto! No importa si usted lee japonés, esas figuras significan 'basura' y si está frente a una PC, el sentido común nos hace pensar que todo lo que tiremos allí dentro es porque no lo vamos a utilizar más. Este fue el concepto gráfico que implementó por primera vez Apple Macintosh en su sistema operativo, lo que evitó redactar largos manuales para explicar el significado de esas figuras.

11.1.1 Colores

Una herramienta poderosa a utilizar en conjunto con las figuras son los colores.

¿Qué representa el rojo en el gráfico Gantt a continuación?

Inicio ◇										
Preparar terrenos										
Comprar terrenos										
Alizar terrenos										
Plantaciones										
Plantar olivos										30d
Plantar vid										
Plantar ciruelos										40d
Colocar riego										
Importar insumos										
Colocar mangueras										
Colocar bombas										10d
Fin										◇

Si usted es un experto en dirección de proyectos y en la utilización del MS Project, no cabe duda de que su respuesta fue obvia: las actividades en rojo son críticas. Una actividad crítica es aquella que, al retrasarse, retrasa a todo el proyecto. Mientras que las actividades en azul tienen holgura. Los días de holgura de esas actividades representan cuánto se puede retrasar esa actividad y el proyecto no cambiaría su tiempo estimado de finalización.

Ahora bien, si es la primera vez que ve un gráfico Gantt, seguramente el sentido común lo llevó a pensar que rojo significa peligro y azul significa ok. Tanto los expertos como los novatos llegaron a la misma conclusión.

En el gráfico a continuación se presenta un histograma de recursos. En este caso el color rojo representa que el recurso ha sido sobre-asignado. Por ejemplo, seguramente Carlos no podrá llevar a cabo todas las tareas que le han sido asignadas en la fecha de la sobre-asignación.

Esto se explica porque Carlos solo tiene una cabeza y dos brazos, y el día, veinticuatro horas, aunque su jefe piense lo contrario. ☺

Carlos	ene	feb	mar	abr	may	jun
Sobre-asignado						
Asignado						
Recursos asignados:		1	2	2	1	

11.1.2 Imágenes

2.2.4 Otra herramienta que habla por sí sola son las imágenes.

En uno de nuestros últimos seminarios uno de los participantes preguntó:

"¿Qué tal es el congreso sobre dirección de proyectos en tu ciudad?".

La respuesta fue muy simple: *"mira un par de fotos del outdoor de equipos de proyectos en la montaña y bodegas"*.

Luego de un par de fotos, el interesado contestó: "i*eso está buenísimo, es suficiente, ya no necesito leer todos los contenidos del programa*!". ☺

11.1.3 Figuras

En nuestra empresa de servicios de consultoría en proyectos, +C, se ha implementado una política para la presentación de informes escritos: todo lo que se pueda decir en **formato de tablas y/o gráficos, no requiere ser escrito**.

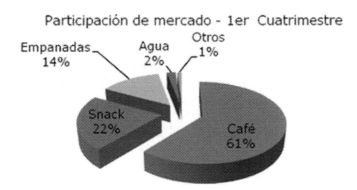

Participación de mercado - 1er Cuatrimestre

Qué sentido tiene que además de presentar esta figura en un informe escribamos:

> *"Como ustedes pueden observar, la participación de mercado en el primer cuatrimestre nos está indicando que en primer lugar, el café representó un sesenta y uno por ciento del total de ventas; mientras que en segundo lugar, los productos de snacks ocupan un veintidós por ciento del mercado; en tercer lugar observamos a las emanadas, con un catorce por ciento del mercado; luego el agua con un dos por ciento; y por último los servicios con el dos por ciento de participación".*

Escribir todo eso sería desperdiciar ochenta y dos palabras, gastar mucho tiempo en redacción y estaría en contra de la filosofías lean y ágil. Además, cuando hay que actualizar un informe, es mucho más eficiente cambiar el gráfico o tabla que modificar todo lo escrito antes.

Por último, los que redactamos informes de proyectos sabemos bien que hasta al más experto le suelen quedar gráficos actualizados con algún texto desactualizado. ¿Para qué agregar riesgos innecesarios al escribir textos?

11.1.4 Símbolos

2.2.7 Hay algunas empresas que están implementando símbolos para detectar rápidamente el estado de sus proyectos. Por ejemplo, la consultora internacional Bain, especialista en estrategias, introduce en las empresas una cultura de símbolos que todos los empleados deben entender y utilizar en sus informes de proyectos.

Bain symbols

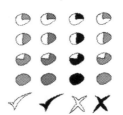

11.1.5 Prototipos

2.2.9 Otra herramienta visual muy útil para presentar un proyecto es a través de prototipos. Esto es muy utilizado por arquitectos e ingenieros en proyectos de construcción, donde se presentan maquetas preliminares del proyecto.

Estos prototipos pueden realizarse con software de simulación en tres dimensiones, donde la experiencia virtual de conocer el futuro proyecto supera ampliamente cualquier documento escrito.

Prototipo	Real

11.2 ESTADO VISUAL DE EXCEPCIONES

La teoría de la información proporciona un poderoso mensaje: **"el valor de la información no se determina por similitudes sino por diferencias"**.

¿Qué recuerdas de tu viaje al trabajo esta mañana?

Si no recuerdas nada, no es por falta de memoria, sino porque no ocurrió nada extraordinario en tu viaje a trabajar. Seguramente, tus recuerdos son cosas no cotidianas como un choque, una manifestación, un nuevo cartel publicitario, etc.

En el mundo de los proyectos debemos agregar valor a la gerencia informando solo aquellos eventos extraordinarios o desvíos del proyecto. Para ello, podríamos desarrollar en la empresa alguna herramienta visual de excepciones.

Deberíamos ayudar a los ejecutivos a simplificar su toma de decisiones informando solamente sobre los sucesos extraordinarios. Volviendo al ejercicio de Chapa, no es que los ejecutivos no escuchen o entiendan el problema, sino que en su día a día están permanentemente generando nuevos negocios y apagando incendios. Un problema adicional que escucha un ejecutivo es algo común y actúa como si estuviera hecho de teflón. Más, aún, cuando descubre luego que la mayoría de esos problemas no son realmente prioritarios.

Para mejorar la comunicación entre el director del proyecto y la gerencia, podría utilizarse un estado visual de excepciones como las figuras que se presentan a continuación.

En la tabla a continuación, el líder de proyecto informa sobre el estado de avance del proyecto y su impacto sobre el costo, la agenda y la calidad. Las flechas horizontales significan normal, las flechas para arriba significan muy bien y las flechas para abajo representan problemas. Estos problemas pueden ser exceso de costos, demora de plazos o baja calidad de los entregables.

Tarea	Responsable	Costo	Agenda	Calidad
Diseño del producto	J. Perez	↓	↓	↓
Diseño de empaque	M. Ruiz	↔	↔	↔
Plan de producción	F. Mir	↑	↑	↑
Seleccionar distribuidor	P. Pipe	↓	↔	↑

Este tipo de informes se pueden enviar al gerente en forma periódica. Con este esquema visual simple, el gerente estaría en mejores condiciones de poder actuar sobre los problemas prioritarios y responder a las necesidades del líder de proyecto.

A continuación se presenta un enfoque similar al anterior, para evaluar el estado de avance de un portafolio de proyectos, comunicando el estado visual de excepciones.

Proyecto	Responsable	Próximo entregable	Estado
A	Marcela P.	Maquetas preliminares	↓
B	Seba B.	Aprobar test final	↔
C	Jorge S.	Empacar para enviar	↑
D	Mónica B.	Reunión inicial de proyecto	↔
E	Gustavo R.	Revisión de diseño	↑
F	Guido A.	Firmar contrato con cliente	↓

Por lo general una imagen es más eficiente que varios documentos de texto. Trabajar con un esquema de estado visual de excepciones es muy útil para ayudar a la gerencia a distinguir las prioridades del proyecto. De esta forma mejora la toma de decisiones, no solo a favor del proyecto, sino también en favor del equipo de trabajo.

LECCIONES APRENDIDAS

Escribir largos textos con el estado de nuestros proyectos es ineficiente. En su lugar, deberíamos utilizar métodos gráficos que con seguridad llamarán más la atención: **colores**, figuras, símbolos, tablas, prototipos, etc.

Para que la alta gerencia se preocupe por los desvíos del proyecto, es clave comunicar excepciones, en lugar de similitudes.

Si pudiéramos implementar un estado visual de excepciones, esto será de gran utilidad para detectar rápidamente las prioridades y actuar de manera pro-activa para mitigar los problemas del proyecto.

12 MANDAMIENTO #7
NO MATARÁS LOS MÉTODOS ESTÁNDARES

Planear: preocuparse por encontrar el mejor método para lograr un resultado accidental.

AMBROSE BIERCE (1842-1914)
Escritor estadounidense

Este mandamiento significa que si en su empresa ya está implementando herramientas eficientes para la dirección de sus proyectos, no trate de cambiar todo a fin de ser innovador. Haga sólo las innovaciones necesarias partiendo de la cultura lean-ágil que tanto le costó desarrollar.

12.1 NO REINVENTAR LA RUEDA

¿Por qué las famosas cadenas de comida rápida
utilizan recetas para elaborar hamburguesas?

Esas hamburguesas se podrían hacer y comer sin utilizar receta alguna. Sin embargo, esas antiguas recetas permiten que otros cocineros realicen exactamente lo mismo **sin tanto esfuerzo** y a su vez ayuda a que el modelo de negocios de esas empresas siga creciendo alrededor del mundo.

Sin esas recetas, esta cadena de comida rápida correría el riesgo de una gran variabilidad no deseada en la calidad de sus alimentos. Esta dispersión de calidades sería así aún en caso de que la empresa tuviera a los mejores chefs del mundo para la elaboración de unas simples hamburguesas.

Este ejemplo no debería ser muy diferente en el mundo de los proyectos. Si una empresa ha establecido métodos eficientes para las actividades repetitivas de sus proyectos...

¿Qué necesidad existe de reinventar la rueda?

¿Por qué no aprovechar todas las ventajas de esos métodos exitosos, como haber pagado los costos de la curva de aprendizaje y dejar la creatividad para cosas más importantes?

Existen algunas empresas que con su slogan de "*fuimos 100% creativos*" perdieron varios millones y terminaron en la bancarrota. Para no repetir este tipo de fracasos se recomienda **utilizar los procesos estándares**, que fueron exitosos, en aquellas actividades que el proyecto lo requiera. Este sería el caso, por ejemplo, de los procesos para solicitar una orden de compra, o cargar una base de datos.

Además, algunas reglas de trabajo también pueden ayudar a definir una cultura de trabajo y procesos estándares eficientes, como por ejemplo:

- Que nadie llegue tarde a las reuniones,
- Prohibición de dar instrucciones verbales de avance del proyecto,
- No limitarse a un único presupuesto, entre otras.

Obviamente, en base a esos métodos estándares es necesario seguir buscando la perfección de los procesos, como lo indica el quinto principio *lean*, a fin de seguir mejorando la *receta* sin necesidad de comenzar todo desde cero cada vez que se inicia un nuevo proyecto.

Un **método estándar** es una receta que permite a cualquier miembro del equipo de proyectos llevar a cabo una tarea con la habilidad de un experto, sin necesidad de re-inventar la rueda.

12.2 LA GUÍA DEL PMBOK®

Entre los principales servicios del Project Management Institute (PMI)[7] se desarrollan *estándares* para la práctica de dirección de proyectos alrededor del mundo. Por ejemplo, la Guía de prácticas PMBOK (*Project Management Body of Knowledge*) es un estándar reconocido internacionalmente donde figura una serie de procesos para la dirección eficiente de proyectos. Además, en este libro se incluye un glosario con definiciones, conceptos y términos generalmente aceptados en la profesión.

El PMI® es una institución fundada en 1969, cuya casa matriz se encuentra ubicada en Filadelfia, EE.UU. Entre los *objetivos* del PMI® figuran:

- aumentar el alcance y la calidad en la dirección de proyectos
- estimular el uso de la dirección de proyectos en beneficio de los negocios y del público en general

La Guía del PMBOK® ha sido distinguida por el American National Standard Institute y hoy en día es uno de los libros más reconocidos para la dirección de proyectos, abarcando diez áreas básicas del conocimiento que se presentan en la figura a continuación.

---

[7]   PMI y PMBOK son marcas registradas por el Project Management Institute, Inc.

Si ya existen procesos internacionalmente aceptados para la gestión eficiente de proyectos, como los de la Guía del PMBOK®, no se justifica reinventar la rueda con nuevos procesos para gestionar proyectos. A esto se refiere el mandamiento 7, "*no matarás los métodos estándares*".[8]

Deberíamos seguir desarrollando procesos de gestión eficiente partiendo de la base de los estándares existentes, como los de la Guía del PMBOK® o los del libro *Director de Proyectos* y eso no significa falta de creatividad. ☺

Caso Disney y Pixar - Procesos versus creatividad

Algunos críticos suelen decir que los procesos estándar van en contra de la creatividad. ¿Pero no será que gracias a los procesos eficientes estandarizados el equipo de trabajo puede concentrarse en planificar creativamente el largo plazo?

No cabe duda de que la división de películas animadas de Disney siempre tuvo mucha creatividad. Sus proyectos se han basado principalmente en películas artesanales realizadas con dibujos manuales que van desde *Blanca nieves y los siete enanitos* (1937) hasta *El Rey León* (1994). Sin embargo, luego apareció Pixar como la empresa líder de películas animadas computarizadas.

---

[8]   PMBOK es una marca registrada por el Project Management Institute, Inc.

Pixar se caracteriza por la automatización de procesos, respetando estrictamente cuatro etapas en el ciclo de cada proyecto: desarrollo, preproducción, producción y postproducción. ¿Es acaso Pixar menos creativa que Disney? Al parecer, ese no es el caso, ya que en 1991 Disney realizó una alianza estratégica con Pixar para incorporar la tecnología de dibujos computarizados y la automatización de procesos en sus nuevos lanzamientos, con películas como *Toy Story* (1995), Buscando a nemo (2003), *Los Increíbles* (2004) y Monsters University (2013).

En el año 2003 el presidente de Pixar, Steve Jobs, creador de Apple, anunció la ruptura con Disney a partir del año 2006, por no llegar a un acuerdo sobre la propiedad intelectual de las películas. Las acciones de Disney cayeron un 4% con ese anuncio, lo que puede indicar que el mercado está de acuerdo con el estilo creativo de Pixar, basado en procesos automatizados de administración de proyectos. Finalmente, Disney adquirió Pixar, pagando con acciones de su compañía.

Conclusión: El caso de Pixar es sin lugar a dudas un ejemplo de éxito de *métodos estándares* asociados con una actividad de alta creatividad. Los métodos estándares no matan la creatividad, ahorran costos y tiempo, para que estos recursos puedan ser usados más eficientemente para crear valor.

LECCIONES APRENDIDAS

Si los procesos y normas tradicionales funcionan bien, ¡no los toques! Deja la creatividad para cosas más importantes.

¿Pero cómo…, no dijimos en el mandamiento #5 que hay que levantar las etapas tradicionales?

Esto es como el Yin y el Yang, dos fuerzas opuestas y complementarias que se encuentran en todas las cosas. Si algo se puede hacer mejor, mejoremos (mandamiento #5) y si un proceso funciona bien, ¿para qué tocarlo (mandamiento #7)?

Se puede ser creativo, siguiendo procesos estándares.

Por último, si quiere implementar procesos de gestión eficiente en sus proyectos, no invente todo desde cero, comience de lo que ya existe y funciona bien en el mercado (ej. Guía del PMBOK®).

13 MANDAMIENTO #8
NO PROVOCARÁS LARGAS ESPERAS

Quien espera, desespera.

REFRÁN POPULAR

En este mandamiento el mensaje principal es pensar en la satisfacción del cliente, interno o externo y dentro de lo posible, evitar los procesos que requieren de largas colas y esperas innecesarias.

13.1 SISTEMA DE COLAS Y ESPERAS

El mundo de los proyectos en que vivimos está plagado de colas y esperas. Mención especial merece la mayor parte del sector público, que podríamos catalogar como campeones en procesos burocráticos de colas y esperas, originados, muchas veces, en el manejo de legajos físicos. Este es uno de los grandes baches al flujo de valor, como se explicó en capítulos previos, que genera grandes ineficiencias y demoras en la administración de los proyectos.

Generalmente, estas esperas se originan por el sistema *por orden de llegada*, porque algunas empresas están convencidas de que es el sistema más justo.

Aunque parezca mentira este sistema se sigue aplicando, no solo en el sector público, sino en el sector privado. Como, por ejemplo, por algunos médicos, mecánicos, técnicos informáticos, peluqueros, restaurantes, directores de proyectos, etc., etc.

En el mundo de los proyectos *lean-ágil* no hay nada más injusto que crear esperas innecesarias, o no aplicar prioridades en base al valor que genera cada proyecto.

En la figura a continuación se esquematiza el sistema por orden de llegada (PODeL). Este método también es conocido por sus siglas en inglés: FIFO *(first in, first out)*.

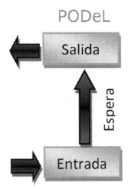

Se suele decir que este esquema PODeL es un mal necesario por el que deben pasar algunas organizaciones. En los próximos capítulos veremos algunas curas a este supuesto *mal necesario*.

13.2 SISTEMA DE RESERVAS

En todos aquellos proyectos donde se conoce la capacidad productiva de cada recurso y la hora de arribo de la necesidad está bien establecida, el esquema *por orden de llegada* podría ser sustituido por un sistema de *turnos y reservas*.

Debido a que el lector habrá sufrido alguna vez largas horas de colas y esperas en algún médico, veamos esta enfermedad para ver si existe alguna cura.

¿Qué necesidad tiene un médico de trabajar con el esquema por orden de llegada? ¿Por qué no respetan algunos médicos el horario de los turnos asignados? ¿Será que ellos creen que su tiempo es más valioso que el nuestro? ¿O será que no aplican procesos *lean-ágil* para una mejor planificación en el manejo del tiempo?

Aun en un rubro tan complicado como el de la salud, algunas empresas del sector que trabajan por procesos, han demostrado que perfectamente se puede pasar a un esquema de turnos que funcione en favor del cliente, como se presenta en la figura a continuación.

Por ejemplo, el Instituto Zaldívar, reconocido internacionalmente por cirugías refractarias de ojos, ha certificado normas de calidad ISO 9001 y utiliza todo un esquema de procesos eficientes para asegurar la atención al cliente con el mínimo de colas y esperas posible. Esta clínica conoce que en base a su restricción de equipamiento físico y recursos humanos, puede realizar un número limitado de consultas y cirugías por día. Por lo tanto, se entregan reservas con gran anticipación para evitar que los pacientes deban soportar espera alguna.

Obviamente, este instituto trabaja con un sistema de gestión de riesgos para dejar tiempos libres donde se atienden aquellos casos de urgencia, sin interferir con el normal funcionamiento de las reservas.

Otro ejemplo, que suele suceder en relación a colas y esperas, es cuando los gerentes están muy ocupados y un informe queda guardado varios días, o meses, en un escritorio antes de poder ser revisado. En lugar de esta situación, el gerente podría asignar un turno para la revisión de ese informe. De esa forma el miembro del equipo de trabajo puede seguir mejorando el informe hasta que le toque el turno de ser revisado. No es tarea fácil, pero en nuestra empresa de servicios, +C, especializada en *Project Management*, lo hemos implementado sin sufrir demasiado. Lo único que se requiere es **querer hacerlo, planificarlo** y un poco de pensamiento ***ágil***.

Todos los ejemplos que se mencionaron en el apartado anterior, de sistemas tipo PODeL (médicos, mecánicos, técnicos, peluqueros, restaurantes, directores de proyectos, etc.) perfectamente podrían pasar a un esquema de turnos para cumplir con el mandamiento "no provocarás largas esperas".

Caso Disney - Colas y esperas

De joven, en 1986, fui a visitar el excelente parque de diversiones Walt Disney World. En la mayoría de los juegos demandados, como la montaña rusa espacial, teníamos que hacer varias horas de colas y espera. Eso sí, el sistema de estadísticas era de primera generación, ya que cuando uno esperaba en la cola sabía con exactitud cuántas horas y minutos faltaban para que le tocara disfrutar del juego. En mi juventud estaba asombrado de tanta precisión estadística, ya que no era normal ver ese tipo de cosas en la pequeña ciudad donde vivía.

Sin embargo, varios años más tarde me pregunté: ¿si tenían esas estadísticas tan espectaculares, por qué no me daban un turno que dijera?: *"vuelva en dos horas y cuarenta y cinco minutos, que le toca a usted"*. Yo podría haber aprovechado mi preciado tiempo en subir a los juegos menos demandados, comprar pop-corn, coca cola o los muñequitos de Disney. No solo hubiera estado más contento, sino que hubiera dejado varios dólares adicionales al grupo Disney. Hoy en día, Disney World comenzó a aplicar el pensamiento *lean*-ágil y le da la opción al cliente de sacar un turno (fast-pass) para subir a los juegos.

Por otro lado, las aerolíneas también han comenzado a levantar estadísticas para ver cuánto demora un pasajero desde que inicia la cola hasta que lo atienden en el mostrador. Muchas aerolíneas han descubierto que es necesario seguir fomentando que los pasajeros lleguen al aeropuerto tres horas antes en vuelos internacionales.

¿Cuánto más faltará para que apliquen algo más ágil con reservas y turnos? ¿Tendremos que esperar varios años como en el caso de Disney World? ¿Será tan difícil que nos den un turno que diga: *"vuelva en dos horas que lo atendemos"*? Ese preciado tiempo lo podríamos utilizar para leer el diario cómodamente con un cafecito de por medio, comprar regalos, chequear e-mails, navegar por las redes sociales, llamar a la familia por Skype, o simplemente quedarnos tirados panza arriba.

Conclusión: Si queremos agregar valor en nuestros proyectos es sumamente importante y justo, reemplazar el sistema *"por orden de llegada"*, por un sistema de *"reservas"*.

13.3 SISTEMA DE EXPEDIENTE ELECTRÓNICO

En varias ocasiones el sistema PODeL se origina por el manejo burocrático de expedientes manuales. Ningún miembro del equipo quiere avanzar a la etapa siguiente del proyecto hasta que no vea la firma en el expediente físico.

Algunas organizaciones funcionales tienen oficinas que parecen ser un estanco independiente del resto del equipo y hasta se dificulta saber en qué oficina quedó el expediente. Una vez más la respuesta a este problema suele ser: *"eso es un mal necesario para poder tener un mejor control sobre la organización"*.

¿Realmente significa mayor control la burocracia de expedientes físicos?

¿Por qué no mejorar el control con herramientas más eficientes?

Una muy buena cura a este mal necesario es pasar desde un esquema de expediente físico a un proceso de expediente electrónico, donde sin perder control se agilizan los procesos y se obtienen grandes reducciones de tiempos.

Caso Paraguay – Expediente electrónico

La empresa Think S.A. es especialista en la implementación de procesos para pasar de un esquema de esperas y colas, por el manejo de expedientes físicos, a un sistema eficiente de manejo de expedientes electrónicos. Por ejemplo, en la Municipalidad del Sur, implementaron un sistema de expediente electrónico para el servicio de entregar una licencia comercial.

En la situación de partida, el otorgamiento de una licencia demoraba como mínimo treinta días y la cantidad de procesos eran, en su mayoría, secuenciales. Debido a la cantidad de procesos burocráticos que existía, existían más de 170 canales de comunicación e interacción, para poder otorgar una simple licencia a un comercio.

Para poder implementar el sistema de expediente electrónico es imprescindible un cambio organizacional y motivar a los recursos humanos para que ellos mismos quieran cambiar, y así conseguir mayor calidad de vida (mejores resultados con menos esfuerzo). Por tal motivo, la metodología de trabajo es participar a todos los involucrados y definir el problema (la maraña de procesos), para que propongan alternativas de solución. Finalmente, son los mismos empleados los que, por consenso, decidirán cambiar la forma de trabajo.

En este caso, a los cuatro meses de haber comenzado con la implementación del proyecto en el municipio, los procesos informatizados pasaron a hacerse en paralelo con un mayor control que en la situación base y el proceso para otorgar una licencia comercial bajó a un promedio de cinco días, con menos de 35 canales de comunicación relacionados al nuevo proceso. Ni que hablar de los grandes ahorros de costos en papelería y el cuidado ambiental que se alcanzó con este proceso ágil.

Conclusión: implementar procesos ágiles, no descuidan en lo más mínimo los mecanismos de seguimiento y control; por el contrario, muchas veces se fortalece el control gracias a la eliminación de procesos burocráticos e ineficientes.

LECCIONES APRENDIDAS

Tenemos que intentar trabajar con un esquema de reservas y turnos en lugar del modelo PODeL que no tiene en cuenta prioridades.

En varios proyectos es preferible implementar un proceso de expediente electrónico en lugar de un proceso secuencial físico.

Agilizar los procesos de la organización no significa tener menor control.

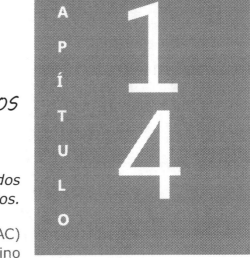

14 MANDAMIENTO #9
NO OLVIDARÁS LOS RECURSOS CRÍTICOS

En los contratiempos es en donde conocemos todos nuestros recursos, para hacer uso de ellos.

QUINTO HORACIO FLACO (65 AC-8 AC)
Poeta latino

En este mandamiento se va a ampliar el enfoque tradicional de la ruta crítica para incluir en la planificación del proyecto aquellos riesgos de recursos críticos que suelen retrasarlo.

📖 Ejercicio 9 – Riesgos en la planificación

El director de proyecto **Pedro** Pocasuerte de una Empresa Energética había sufrido la doble Nelson en uno de sus peores días de trabajo.

En primer lugar, Martín Giménez le informa que no podrá terminar la instalación de nuevos generadores a tiempo para cumplir con la fecha comprometida con el cliente. Por lo tanto, toda una refinería de gas natural no cuenta con energía para funcionar. El cliente, una empresa petrolera, comenzará a perder un millón de dólares por semana debido a ese retraso. Martín no informó con anterioridad el retraso de agenda porque el problema técnico lo agarró de imprevisto.

La segunda mala noticia es que Marcel Led le comunicó a Pedro que el plan de pruebas está frenado por la falta de ingenieros disponibles. Aunque los generadores ya estuvieran terminados, no podrían funcionar porque las pruebas están retrasadas. Se estiman al menos dos semanas de demora adicional.

El Ingeniero Pocasuerte está muy enojado...

Pedro: *¡No lo puedo creer! Les pedí cuando comenzamos con este proyecto que me informaran sobre las necesidades críticas. Ustedes me aseguraron que el plan de pruebas estaría completo antes de la fecha límite ya que esa actividad contaba con varias semanas de holgura. Por tal motivo, no puse este tema ni siquiera en la "lista de observación" sobre la ruta crítica. ¡Resulta que una actividad que tenía una holgura considerable ahora forma parte de la ruta crítica!*

¿Cuál es la causa raíz del retraso de esas actividades? ✋ 10 minutos

📖 Respuesta - Ejercicio 9

Podríamos criticar a Pedro y sus miembros del equipo Martín y Marcel por una mala gestión de las actividades con holgura, por una mala comunicación, o por varios otros problemas de gestión del proyecto.

No obstante, si buscamos la causa raíz del problema está en la planificación.

Por lo general muchos proyectos olvidan de colocar en sus planes dos típicos riesgos que enfrentarán los proyectos:

1. **Riesgo técnico**: es muy normal que alguna maquinaria no funcione como decía el manual, o como a nosotros nos gustaría.

2. **Riesgo de disponibilidad de recursos**: sería casi utópico planificar pensando que nadie se va a enfermar, ninguna persona tendrá problemas personales, nadie se irá a trabajar a otra empresa, etc.

14.1 RIESGO DE RECURSOS Y TECNOLÓGICO

En la planificación de los proyectos es necesario, pero no suficiente, trabajar con la planificación de tiempos y recursos. En la figura a continuación se presenta un proyecto agrícola muy simple, a través de un diagrama de Gantt, que incluye la duración y responsables de cada actividad.

Nombre de tarea	Dur	Recurso	Enero			Febrero			...
Proyecto Agrícola	**60d**								
Terrenos	**30d**								
Comprar	10d	Juan							
Preparar	20d	Carlos							
Cultivos	**30d**								
Plantar olivos	20d	María							10d
Plantar ciruelos	30d	Luis							
Plantar papa	10d	Ulises							20d

Las actividades críticas del proyecto se han representado en rojo y las actividades con holgura en azul. Las únicas actividades con holgura de este proyecto son plantar olivos, cuya responsable es María y plantar papa, a cargo de Ulises. Estas actividades tienen una holgura de 10 y 20 días, respectivamente. Estas holguras están indicando la cantidad máxima de días que podrían retrasarse estas actividades sin retrasar la fecha de finalización del proyecto.

Esta forma de planificación es el enfoque tradicional del CPM *(Critical Path Method)* o método de la ruta crítica.

Ahora bien, si el director del proyecto solo realiza este análisis para planificar su proyecto, puede que esté en serios problemas.

El método de la ruta crítica debería complementarse con el análisis de riesgo de los recursos críticos del proyecto.

Puede ocurrir que la actividad de plantar olivos que presenta una holgura de 10 días, en realidad sea una actividad más riesgosa o crítica que las demás.

> ¿Qué podría ocurrir si María, experta internacional irremplazable, está recibiendo ofertas laborales muy superiores a su situación actual?

¡Adivinaste! Podría renunciar y si no se consigue un reemplazo urgente, que es lo más probable, todo el proyecto podría verse retrasado por esta actividad.

Analicemos ahora la otra actividad con holgura de 20 días: plantar papa.

> ¿Qué podría ocurrir si Ulises, con gran experiencia agrícola, no está familiarizado con la tecnología de los cultivos orgánicos y ésta será su primera experiencia?

Muy bien, ¡volviste a adivinar! Es muy probable que Ulises tenga que pasar por la curva de aprendizaje y, una actividad que, generalmente, los expertos realizan en 10 días, termine demorando un par de meses adicionales hasta que aprenda a utilizar las maquinarias. Ergo, ¡retrasando todo el proyecto!

Como podemos observar, las actividades de María y Ulises, que según la ruta crítica no presentaban ningún tipo de problemas, pueden ser las actividades críticas a tener en cuenta. En el caso de María se corría el riesgo de disponibilidad de recursos, mientras que en el caso de Ulises existía un riesgo técnico.

Hay dos razones reales y tangibles para la gran mayoría de los retrasos en los proyectos:

- **Falta de recursos** adecuados para asignar personal a tareas críticas.
- Fallas en reconocer y planear los **riesgos técnicos**.

Este tipo de riesgos deberían ser considerados en la planificación del proyecto, a esto hace referencia "no olvidarás los recursos críticos".

Recomendaciones para administrar recursos críticos:

1. No pierda tiempo con el planeamiento detallado del trabajo que realizará en los próximos doce meses. Planificar los próximos tres meses con detalle, el resto que sea a nivel agregado.

2. Formule el calendario para ejecutar las tareas de alto riesgo lo más pronto posible, aunque figuren con holgura. En este caso, si comenzaran a haber desvíos en las actividades, todavía tendrá tiempo disponible para resolver el problema.

¡Recuerde que el tiempo perdido no vuelve atrás!

14.2 RECURSOS CRÍTICOS

En la planificación del proyecto es necesario prestar especial atención en aquellas actividades que tienen recursos críticos. Siguiendo con el ejemplo agrícola del apartado anterior, las actividades de plantar olivos y plantar papa orgánica, ambas con holguras, tenían asociados recursos críticos.

Nombre de tarea	Dur	Recurso	Enero				Febrero			...
Proyecto Agrícola	**60d**									
Terrenos	**30d**									
Comprar	10d	Juan								
Preparar	20d	Carlos								
Cultivos	**30d**									
Plantar olivos	20d	María								10d
Plantar ciruelos	30d	Luis	Recursos críticos							
Plantar papa	10d	Ulises								20d

Tal vez la actividad de plantar ciruelos, que integra la ruta crítica según el CPM y no tiene días de holguras, sea una actividad que no requiera tanta atención en relación a las otras plantaciones. Este es el caso, por ejemplo, cuando esa actividad se ha realizado en reiteradas ocasiones en un promedio de 30 días y con desvíos de agenda que no superaban nunca los 2 días. Además, esa actividad la lleva a cabo personal no calificado, que en caso que no trabajen más, rápidamente se consigue un reemplazo para continuar con la tarea.

Aquellas actividades con riesgo de disponibilidad de recursos humanos o riesgo técnico deberían ser administradas con mayor precaución. Para ello es necesario llevar a cabo un mayor control periódico sobre el estado de avance de cada actividad y planificar las actividades con una reserva de tiempo, para eventuales contingencias de retrasos. Esta reserva para contingencias es una especie de *amortiguador* que alivia el impacto negativo que el factor de riesgo causa al proyecto.

📖 Ejercicio 10 – Control de avance y riesgos

En realidad, para el ejemplo que hemos visto, Pedro Pocasuerte debería haber visto anticipadamente lo que se le venía encima.

Su equipo había empezado a trabajar varios meses antes y desde el inicio los informes de avance eran bastante optimistas.

Después de un mes de esfuerzo sobre lo que se supondría que iba a ser un proyecto de 4 meses, el informe de su equipo daba a conocer que sólo habían completado el 25% de su tarea. A los 2 meses el reporte de avance decía 50%.

A este ritmo, donde los informes de avance parecían tan perfectos, pero la realidad indicaba muy poco avance real en las obras, lo más probable es que el último 10% del proyecto demoraría otros 4 meses adicionales, con un retraso en el doble de tiempo en relación a la fecha planificada. Algo que ya había ocurrido antes en varios proyectos de esta compañía.

¿Qué estaba pasando?

Pocasuerte había dado total "empowerment" a su equipo, para que ellos definieran la mejor forma de medir e informar el estado de avance en los proyectos.

¿Cómo podría mejorar esta forma de control en otro proyecto similar y prevenir los riesgos de retraso de agenda?

🖐 5 minutos. No lea la respuesta antes de pensar la suya.

📖 Respuesta - Ejercicio 10

No podemos realizar un seguimiento y control de los proyectos solamente con "empowerment" y confianza. Algunos consejos para el seguimiento y control:

- Definir entregables parciales que permitan verificar el avance real

- Auditorías en obra para ver los avances reales, no basta con recibir los % de avance del equipo técnico vía mail. Si no puede viajar a la obra, utilice tecnología: cámaras de video, fotos, etc.

- Si se trata de servicios donde es difícil verificar avances físicos, a veces suele ser preferible la regla 20/80: informar 20% de avance si ya comenzó la actividad y el otro 80% solamente si terminó la actividad. Podría ser la regla 0/100 o 50/50.

14.3 MONTE CARLO

¿No le ha ocurrido alguna vez que la planificación de tiempos de sus proyectos se basa en las estimaciones caseras de cada uno de los miembros del equipo?

¿O que se hace imposible gestionar un proyecto con riesgos de todo tipo?

Podemos agregar reservas de tiempo para contingencias y evaluar los riesgos implícitos en las actividades y recursos críticos de un proyecto, utilizando la simulación de Monte Carlo.

La simulación de Monte Carlo tiene sus orígenes en el trabajo desarrollado por Stan Ulam y John Von Neumann, a finales de 1940, cuando investigaban el movimiento aleatorio de los neutrones. En la actualidad se aplican modelos que hacen uso de simulación Monte Carlo en áreas tales como: informática, finanzas, economía, ciencias sociales, etc.

El nombre Monte Carlo proviene de la famosa ciudad de Mónaco, donde abundan los casinos de juego y donde el azar, la probabilidad y el comportamiento aleatorio conforman todo un estilo de vida.

Para aplicar la simulación de Monte Carlo en la gestión de proyectos podemos utilizar software que analizan los distintos escenarios que podrían ocurrir; y evaluar qué tan probable es que ocurra cada uno de ellos.

Al utilizar un software de simulación se puede responder a preguntas tales como:

¿Cuál es la fecha más probable de finalización del proyecto?

¿Cuál es la probabilidad de completar el proyecto en la fecha X?

¿Cuál es el sendero más riesgoso del proyecto?

Para tener respuestas a estas preguntas ver Simulación de Monte Carlo en Anexo A.

LECCIONES APRENDIDAS

En la planificación de los proyectos para su posterior administración no es suficiente trabajar con el método de la ruta crítica (CPM). Este enfoque tradicional debería ampliarse teniendo en consideración problemas frecuentes que enfrentan los proyectos, tales como:

- Riesgos asociados con la disponibilidad de recursos.
- Riesgos asociados a la utilización de nuevas tecnologías.

Suele ser más importante tener en cuenta cuáles son los recursos críticos asociados con las actividades, que si esa actividad está o no en la ruta crítica.

Una herramienta para la incorporación de riesgos de recursos críticos para la planificación de la agenda es la simulación de Monte Carlo.

15 MANDAMIENTO #10
SANTIFICARÁS LOS PROYECTOS PRIORITARIOS

Lee los buenos libros primero; lo más seguro es que no alcances a leerlos todos.

HENRY DAVID THOREAU (1817-1862)
Escritor, poeta y pensador estadounidense

Finalmente llegamos al último mandamiento, que se refiere principalmente a concentrarse en aquellos proyectos que agreguen mayor valor a la empresa y evitar el trabajo simultáneo en varias tareas sin planificación alguna.

15.1 MULTITAREAS VERSUS EQUIPOS DEDICADOS

Recuerdo cuando trabajábamos para Towers Perrin, en Inglaterra, empresa líder internacional en consultoría actuarial, que el esquema y los procesos de trabajo eran los de una firma ideal. A cada uno de los miembros del equipo nos asignaban solo aquellas actividades o proyectos de gran valor agregado, que podíamos desarrollar acorde a nuestras capacidades. Teníamos un plan de tareas que especificaba claramente las prioridades diarias y éramos protegidos de perturbaciones.

Como resultado de todo esto, los planes de trabajo se podían ejecutar de manera eficiente y además, quedaba tiempo ocioso para atender imprevistos o disfrutar de una mejor calidad de vida.

Lamentablemente, esto no ocurre en todas las organizaciones. En muchas de nuestras empresas **no están definidas las prioridades** y dejamos indefensos a los trabajadores para que se las arreglen solos. Muchas veces, la respuesta que les damos cuando están muy atareados es: "haz todo como puedas".

Como consecuencia de ello, los empleados asignados a muchas tareas simultáneas están en un estado de turbulencia permanente y con la moral baja. En su cubículo no pueden crear valor, ya que permanentemente está sonando el teléfono, alguien está golpeando la puerta, los llaman para otra reunión innecesaria, el gran jefe cambió todo el plan nuevamente porque soñó con una idea brillante, etc., etc. En términos futbolísticos, en varias de nuestras empresas solicitamos a los empleados que al mismo tiempo pateen el córner, vayan a cabecear y atajen. ¡Y lo más lamentable se da cuando los culpamos si no hicieron el gol por estar atajando! ☺

En las empresas con estructuras por proyectos se asignan los empleados a proyectos específicos. Una vez que finalizan el proyecto vuelven a ser asignados a otro proyecto en particular. Lamentablemente, no es posible, ni eficiente, que todas las empresas trabajen con estructuras por proyecto.

Sin embargo, para lograr una empresa ágil es necesario evitar las multitareas simultáneas y planificar las actividades en base a prioridades. Además, se debe planificar una reserva de tiempos para contingencias. Esto no significa asignar empleados para que trabajen en un solo proyecto por vez. Simplemente significa que serán asignados a tareas de alto valor que deberán terminar antes de pasar a otra tarea o proyecto.

Esto parece trivial, pero es la esencia de la **productividad** de un equipo y la creación de valor. Luego, es dable esperar que la motivación y la alta moral de los empleados vengan por sí solas.

Multitareas	Equipos dedicados
No existen prioridades	Priorización de actividades
Retrasos crónicos	Reservas para contingencias
Baja moral	Crear valor con alta moral
"Hace todo como puedas"	Listado de proyectos prioritarios

Caso Guatemala - Excusas para justificar multi-proyectos

Roberto Zacapa, líder chapín de un proyecto de ampliación de una licorera en Guatemala, justificaba por qué sus trabajadores debían aprender a manejar múltiples proyectos en forma simultánea y acostumbrarse a vivir con ese mal necesario. Entre las principales excusas de Roberto se destacaban:

1. No corresponde que como líder de proyecto me involucre en manejar las agendas de mi equipo.
2. Mi equipo también debe atender llamadas de clientes y visitas in situ.
3. Debo compartir mi equipo con otros gerentes funcionales de la empresa.
4. Tenemos diez veces más proyectos de los que puede manejar nuestro equipo.

Luego de realizar algunos cursos de capacitación en liderazgo, motivación y *dirección de proyectos*, el señor Zacapa cambió su actitud y buscó respuestas a cada una de esas excusas.

Respuesta 1. En realidad a los *directores de proyecto* se les paga para solucionar problemas y completar proyectos en tiempo y forma. Es necesario que colabore en la priorización de agendas de mi equipo si queremos finalizar nuestros proyectos de manera eficiente.

Respuesta 2. Debo buscar tiempos sin interrupciones para poder dedicarnos solo al proyecto. Para ello, vamos a asignar en forma rotativa y temporal a algunos miembros del equipo para dedicarse a tareas de clientes.

Respuesta 3. Debo negociar prioridades con otros gerentes funcionales, ya que no es posible realizar varios proyectos al mismo tiempo. Después de todo, cada miembro de mi equipo solo tiene dos piernas, dos brazos y una cabeza.

Respuesta 4. Si quiero quedar bien con todos mis clientes, no tengo otra alternativa que priorizar proyectos y aprender a negociar anticipadamente un mayor plazo con algunos de ellos. Debería tener presente que: "el que mucho abarca poco aprieta".

15.2 COLOCAR FILTROS ENTRE PERTURBACIONES Y EL EQUIPO

Uno de los motivos de las multitareas se origina en la perturbación permanente que sufren algunos miembros del equipo de proyectos, donde les queda muy poco tiempo de valor agregado para trabajar en el proyecto, debido a que tienen que estar atendiendo el teléfono, visitando clientes, escuchando detenidamente cada una de las ideas de la alta gerencia en reuniones no planificadas, etc., etc.

Si uno pudiera colocar una especie de **filtro** entre esas perturbaciones y el equipo de trabajo, el tiempo valor agregado vendría por sí solo. Este filtro servirá para impedir distracciones del equipo de su plan de trabajo, originadas por el impacto perturbador de requerimientos no previstos de clientes, proveedores u otros.

Por ejemplo, en nuestra empresa de servicios, la atención de llamados de clientes finaliza a las 15:00 horas, lo que nos deja todos los días dos horas libres para concentrarnos solamente en los proyectos. Obviamente, siempre se deja asignado a algún miembro del equipo, no a todos, para que cubra los llamados de urgencia.

Por otro lado, las reuniones entre la alta gerencia y el equipo están pre-acordadas con anticipación, se respeta el orden del día y el tiempo asignado a la reunión.

También podría colocarse una especie de filtro entre el equipo de trabajo y los requerimientos cambiantes del gran jefe como se menciona en el caso más abajo.

Caso Argentina - Filtro entre gerencia y equipo

Un ministro del gobierno nos solicitó la planificación integral de un proyecto muy importante para presentar a un organismo internacional. Pero con una salvedad, el proyecto, que requería del soporte técnico del personal de gobierno, debía estar finalizado en cuatro meses.

Nuestra respuesta fue un "NO" rotundo, ya que en la práctica ese tipo de proyectos requiere, en el escenario optimista, un plazo de diez meses. ¡Mejor ni mencionar lo que ocurre en el escenario pesimista!

El ministro nos ofreció todo el personal que necesitábamos para asignarlo específicamente a ese proyecto. Finalmente aceptamos realizar el proyecto, pero con dos condiciones:

1º El equipo de proyectos del sector público debía venir a trabajar a nuestras oficinas

2º Si algún ministro u otro funcionario necesitaba volver a su oficina del sector público, primero debía hablar con el líder de proyecto para justificar el motivo.

El ministro aceptó ambas condiciones y dio expresas órdenes en el gobierno para que se respetasen.

Ya con el equipo en nuestra oficina, durante la ejecución del proyecto, no pasó ni un solo día sin que el teléfono sonara para solicitar en forma urgente a los miembros del equipo. Según las secretarias que llamaban de parte de los funcionarios, todos eran llamados sumamente importantes: "de vida o muerte".

El señor Filtro comenzó con su principal función, atender esos llamados de vida o muerte para no perturbar a los miembros del equipo. Afortunadamente, a lo largo de la ejecución del proyecto solucionamos aproximadamente el 80% de esos llamados sin ningún problema y sin necesidad de desconcentrar o perturbar al equipo; mientras que solo un 20% fueron derivados a los miembros del equipo. Entre algunos ejemplos de esos supuestos llamados urgentes e importantísimos que solucionamos figuran:

- Explicar a los funcionarios que los miembros del equipo estaban trabajando en un proyecto muy importante y no podían realizar otras actividades hasta que finalizaran. Al parecer no todos habían escuchado o entendido las órdenes expresas del ministro.

- Explicar cómo se usaban algunas funciones simples en las planillas de cálculo de Excel o en documentos de Word.

- Explicar qué significa: interés compuesto, evaluación socioeconómica, tasa de descuento, TIR, VAN, Acta de Constitución del Proyecto, EDT, etc., etc.

Como se puede observar, ninguno de esos requerimientos era de vida o muerte. Tal es así que nadie murió hasta que se reintegraron los miembros del equipo a sus puestos de trabajo en el sector público.

Finalmente, gracias al *filtro* y la gran motivación del equipo, que se pudo concentrar en sus actividades sin demasiadas perturbaciones, finalizamos el proyecto en tiempo record. Al cabo de dos meses y medio el proyecto fue entregado. Por su parte, el proyecto no solo recibió el financiamiento solicitado al organismo internacional, sino que recibió elogios por la gran calidad de la presentación y formulación.

Conclusión: la colocación de filtros para blindar a nuestros equipos de proyecto, incrementa la productividad de manera exponencial, cumpliendo o superando plazos que parecen imposibles.

LECCIONES APRENDIDAS

Trabajar en múltiples tareas en forma simultánea sin planificación alguna no corresponde a una empresa ágil. Por el contrario, planificar los proyectos con equipos dedicados en base a prioridades permite agregar valor a la empresa.

Para cumplir con el mandamiento 10, "santificar los proyectos prioritarios", deberíamos crear un listado de proyectos o tareas prioritarias basado en el potencial de la empresa y focalizar los recursos en aquellas actividades de mayor valor agregado.

16 CONSTRUYENDO UN PROYECTO EXITOSO

No hay secretos para el éxito. Éste se alcanza preparándose, trabajando arduamente y aprendiendo del fracaso.

COLIN POWELL (1937-?)
Militar y político estadounidense

En la primera parte del libro recorrimos los típicos problemas que suelen tener nuestras organizaciones. Luego, recorrimos el pensamiento lean y ágil. Finalmente, desarrollamos los diez mandamientos en base a estas filosofías, para mitigar los problemas de baches de tiempo y costos de transacción. Ahora, nos despedimos integrando varios de estos conceptos.

16.1 LA FICHA DE VALOR

A los fines de identificar y priorizar cuáles son aquellas actividades que contienen mayor cantidad de desperdicios o *muda* en los proyectos, los miembros del equipo de trabajo pueden llenar una tabla similar a la que se presenta a continuación.

Iniciativa de mejora	Puntaje (1-3)
Tiempo perdido en reuniones	
Resultados importantes logrados tardíamente	
Website del proyecto desactualizado	
Tiempo perdido en errores evitables	
Tiempo perdido en tareas irrelevantes	
Comunicación pobre	
Otras	

En esta tabla, los miembros del equipo deberían identificar cuáles son aquellas actividades o procesos que agregan desperdicios innecesarios al proyecto.

Asimismo, deberían colocar un puntaje cualitativo a cada uno de estos problemas identificados, teniendo en cuenta la dificultad para poder eliminarlos. Por ejemplo, podría trabajarse con una escala del 1 al 3 con la siguiente categorización:

1. Difícil de eliminar.
2. Medianamente fácil de eliminar.
3. Fácil de eliminar.

La frecuencia sugerida para realizar este análisis es quincenal y no deberían destinarse más de diez minutos para llenar la planilla. El objetivo de esta herramienta de gestión es que el líder de proyecto aplique acciones correctivas para disminuir *muda*, comenzando por aquellas actividades con alto puntaje, o sea, las más **fáciles de eliminar**.

Por otro lado, también se puede solicitar a los miembros del equipo que identifiquen aquellas trabas al flujo de valor originadas por la gestión de la alta gerencia. En la tabla a continuación se muestra un ejemplo de esta herramienta de gestión.

Iniciativa de mejora	Puntaje (1-3)
Demoras en aprobaciones/decisiones	
Pobre respuesta a "señales"	
Demasiado tiempo en reportes de avance	
Falta de disponibilidad de recursos	
Cambios abruptos en el alcance del proyecto	
Micro administración perturbadora	
Comunicación pobre / otras pérdidas	

En este caso la frecuencia para llenar esta planilla podría ser mensual y en forma anónima, a fines de evitar conflictos innecesarios entre el equipo de trabajo y la gerencia. El principal objetivo que se persigue con esta herramienta es que la alta gerencia haga una autocrítica de aquellas actividades que traban el flujo de valor del proyecto para eliminarlas, comenzando por las actividades más fáciles de cambiar (las de mayor puntaje).

En base a estas dos planillas, puede construirse una matriz general que denominamos *ficha de valor*, para implementar acciones correctivas. Cada una de estas acciones debería tener una prioridad. No intente solucionar todos los problemas detectados al mismo tiempo, ya que es importante que los miembros de su equipo vean cambios ágiles en la administración del proyecto. Para ello es fundamental comenzar solucionando lo más fácil de cambiar.

Iniciativa de mejora	Puntaje (1-3)
Tiempo perdido en reuniones	
Resultados importantes logrados tardíamente	
Website del proyecto desactualizado	
Tiempo perdido en errores evitables	
Tiempo perdido en tareas irrelevantes	
Comunicación pobre	
Otras	

Acción	Prioridad

Iniciativa de mejora	Puntaje (1-3)
Demoras en aprobaciones/decisiones	
Pobre respuesta a "señales"	
Demasiado tiempo en reportes de avance	
Falta de disponibilidad de recursos	
Cambios abruptos en el alcance del proyecto	
Micro administración perturbadora	
Comunicación pobre / otras pérdidas	

16.2 LA PIRÁMIDE DE LOS MANDAMIENTOS

En la figura, a continuación, hemos resumido la pirámide con los diez mandamientos que debería tener en cuenta un líder ágil.

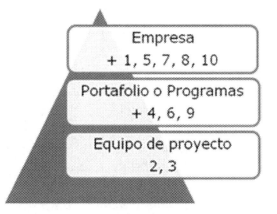

Si lo que usted quiere es implementar acciones eficientes dentro del equipo de proyectos, debería concentrarse en los mandamientos 2 y 3. Si está trabajando en un contexto de administración de portafolios o programas, debería prestar mayor atención, además de los mandamientos mencionados para el equipo, a los mandamientos 4, 6 y 9. Por último, si lo que está buscando es una empresa ágil, ¡no tendrá más remedio que prestar cuidadosa atención a los diez mandamientos!

Los 10 mandamientos

I. No agregarás... **desperdicios** al proyecto
II. Honrarás... los entregables al **cliente**
III. No perderás... tiempo en **reuniones**
IV. No olvidarás... el análisis de **riesgo**
V. Levantarás... las etapas **tradicionales**
VI. Codiciarás... los métodos **visuales**
VII. No matarás... los **procesos** estándares
VIII. No provocarás... largas **esperas**
IX. No olvidarás... los **recursos** críticos
X. Santificarás... proyectos **prioritarios**

By Paul Leido

En una oportunidad nos preguntaron: "¿cuál cree que es el mandamiento más importante de todos? y ¿por cuál mandamiento debería comenzar?". Hay una respuesta muy simple que abarca a todos los mandamientos: **"Amarás al cliente por sobre todas las cosas".**

Con este último mandamiento se tienen las bases para alcanzar proyectos exitosos.

16.3 GESTIÓN TRADICIONAL VS. ÁGIL

En la **gestión tradicional** de proyectos se suelen encontrar algunas de las siguientes características:

- La elaboración de propuestas está llena de desperdicios.
- Existen demoras innecesarias debido a baches en el flujo de valor.
- Las reuniones de coordinación y colaboración insumen más tiempo del necesario.
- En algunos casos extremos se llevan a cabo *reuniones eternas*.
- Las empresas avalan y premian la gestión de héroes y super-genios, dueños de la información.
- Las estimaciones de tiempos, costos y calidad se basan en el MDO (método de los dígitos oscilantes) o en el BODE (buen ojímetro del equipo).
- No se tienen en cuenta la planificación y administración de riesgos.
- En el mejor de los casos, se utiliza solo una planificación en base a la ruta crítica.
- Suelen existir procesos burocráticos con esquema PODeL (por orden de llegada)
- Es normal y habitual trabajar en un ambiente de *multitareas* simultáneas.
- Se requiere un alto desgaste para alcanzar los objetivos.

Por el contrario, en un esquema de **gestión ágil de proyectos**, algunas características suelen ser:

- La elaboración de propuestas se concentra en la necesidad del cliente sin agregar desperdicios adicionales.
- Se identifica el flujo de valor del proyecto y se crea un ambiente ágil que permita que fluya el valor sin interrupciones.
- Los equipos están comprometidos con el proyecto y los dueños de la información no son bien vistos por la organización.
- Se trabaja en base a procesos.
- Se tienen en cuenta la planificación y la administración de riesgos en los proyectos.
- Se amplía la visión de la ruta crítica para incluir los recursos críticos asociados a cada actividad.
- Se trabaja con un esquema donde se planifican reservas, con un sistema de turnos para evitar las colas y esperas.
- Se planifican y priorizan todas las actividades de los programas o proyectos, a fin de evitar la realización de multitareas en forma simultánea.
- Se alcanzan buenos resultados con mayor calidad de vida, en relación a la gestión tradicional.

En la figura, a continuación, se resumen las diferencias entre la gestión tradicional y la gestión ágil de proyectos.

Gestión **Tradicional**	Gestión **Ágil**
Baches y costos de transacción	Flujo de valor
Reuniones eternas	Reuniones eficientes
Dueños de la información / bomberos	Equipos comprometidos
MDO / BODE	Procesos
Alto riesgo	Gestión de riesgos
Ruta crítica	Recursos críticos
Burocracia y esperas	Turnos y reservas
Multi-tareas	Priorización de tareas
Alto **desgaste**	**Calidad de vida**

Caso Desgaste vs. Vida

Hay algo para destacar en algunos proyectos desordenados. A pesar de trabajar, con poco pensamiento *lean-ágil*, la gran adaptabilidad de los empresarios para ajustarse a los permanentes cambios del contexto es realmente admirable. Es gracias a esta flexibilidad y empuje empresarial que los proyectos llegan a buen puerto, a pesar de no tener procesos *eficientes* implementados.

Sin embargo, este esquema de desorden e improvisación permanente nos obliga a alcanzar excelentes resultados a costa de un sobreesfuerzo, muchas veces innecesario.

¿Cuántos fines de semana nos tuvimos que quedar trabajando en el proyecto? ¿Cuántas veces nos fuimos más tarde de la oficina? ¿Cuánto cuesta llegar tarde a casa y que los hijos estén durmiendo?

Varios de los proyectos en los que estamos involucrados están rodeados de pocos procesos *lean-ágil*. En este ambiente, trabajar un promedio mínimo de cincuenta horas semanales es habitual para poder alcanzar buenos resultados.

Por otro lado, cuando hemos trabajado en proyectos similares en empresas y culturas más ordenadas, también alcanzábamos buenos resultados, pero con una diferencia: ¡mayor calidad de vida al trabajar en un ambiente *más eficiente*!

Por ejemplo, cuando trabajaba en Inglaterra un máximo de treinta y dos horas semanales era normal. ¿Cómo llegamos a esta cuenta, se preguntará? Trabajando ocho horas diarias durante cuatro días por semana, ya que nuestra empresa otorgaba un día libre por semana para estudiar los exámenes de actuario desde la casa. La política de la empresa prohibía quedarse trabajando más de ocho horas por día. Además de trabajar menor cantidad de horas, lo sorprendente es que la productividad alcanzada, medida por cantidad de informes o proyectos, era muy alta. La satisfacción de haber terminado un día laboral temprano con alta productividad era motivadora. Por lo tanto, el resto del día se podía dedicar a la familia, amigos, deportes, etc., sin tener ningún cargo de conciencia laboral.

> ¿Por qué no intenta crear un ambiente *más ágil* en sus proyectos?
>
> Le aseguramos que es mucho más fácil la gestión ágil que el mundo *tradicional* y la recompensa que obtendrá en calidad de vida valdrá la pena el intento.

Ley Anti-Murphy

En tus proyectos, todo lo que quieras que ocurra, puede ocurrir. Trabaja con dedicación, agilidad y eficiencia para que la suerte esté de tu lado.

Finalmente, no es necesario implementar todos los mandamientos, bastará con que algunas de estas ideas te hayan servido para detectar dónde está el *muda* fácil de eliminar en tus proyectos.

Recuerda que si consigues eliminar tan solo un 10% de *muda*, lo que se traduce en agregar aproximadamente diez minutos diarios de tiempo valor trabajado, tu empresa podría realizar un 10% más de proyectos, un 10% más rápido o un 10% más baratos. O sea, podrías obtener rápidamente un 10% más de rentabilidad con los mismos recursos y con un menor esfuerzo.

Entonces, qué estás esperando: **¡Manos a la obra!**

LECCIONES APRENDIDAS

El equipo de proyecto debería identificar aquellas actividades que generan muda, originadas por el proyecto en sí mismo, o provocadas por la gerencia.

Luego, se debería fijar prioridades para empezar a eliminar muda comenzando por aquellas actividades que sean más fáciles de cambiar.

Para lograr una Empresa ágil será necesario aplicar los 10 mandamientos ágiles. Los beneficios que obtendrá en calidad de vida valdrán la pena el intento!

 Video - ¿Por qué somos directores de proyectos?

ANEXOS

ANEXO A - @RISK

El hombre sigue siendo la mayor computadora.

JOHN FITZGERALD KENNEDY (1917-1963)
Político estadounidense

Para aplicar la simulación de Monte Carlo en la gestión de proyectos podemos utilizar el software @Risk desarrollado por la empresa Palisade. Este software se basa en la simulación de Monte Carlo para analizar los distintos escenarios que podrían ocurrir y evaluar qué tan probable es que ocurra cada uno de ellos.

📖 Ejercicio 11 – Riesgo de agenda

Pedro Pocasuerte aprendió la lección y ha decidido cambiar su actitud en la manera de gestionar sus próximos proyectos de características similares. Se estima que la fecha de inicio del proyecto será el **1 de Julio de 2020** (1/7/20).

A.1. RESERVA PARA CONTINGENCIAS

Luego de reconocer que algunas actividades del proyecto pueden tener riesgo de disponibilidad de recursos y/o riesgo tecnológico, se junta con expertos para estimar 3 fechas para cada actividad del proyecto "Instalar 1 generador".

Nombre de Tarea	Duración optimista	Duración	Duración pesimista	ene	feb	mar	abr	may	jun
Proyecto	**130 d.**	**170 d.**	**285 d.**						
Planificar	20 d.	30 d.	50 d.						
Instalar	80 d.	100 d.	160 d.						
Pruebas	30 d.	40 d.	75 d.						

Con esta información quiere agregar al proyecto una reserva para contingencia.

¿Cuál es la fecha más probable de finalización del proyecto?

Con esta información, en lugar de planificar su proyecto con la duración más probable de 170 días hábiles, decide agregar al proyecto una reserva para contingencia de retraso de agenda utilizando el software @Risk.

A continuación se presentan los 10 pasos básicos para agregar una reserva para contingencias en este proyecto:

1º Cargar su proyecto en una plantilla de Microsoft Project.

Proyecto	170 días	01/01/20	25/08/20	
PLANIFICAR	30 días	01/01/20	11/02/20	
INSTALAR	100 días	12/02/20	30/06/20	1
PRUEBAS	40 días	01/07/20	25/08/20	2

Nota: agregar la celda resumen desde Formato y clic en "Tarea de resumen del proyecto".

2º Ejecutar el software *@Risk* . Las barras de herramientas aparecen como un complemento de Excel.

3º No cierre Project. Desde el Excel, clic en la pestaña "Project / Enlace del proyecto / Leer proyecto activo". Ahora su proyecto aparecerá en la plantilla de Excel para poder realizar la simulación de Monte Carlo.

4° Colocarse sobre la celda a la cual se le asignará una distribución de probabilidad. Por ejemplo, sobre la duración estimada de 30 días en la actividad *planificar*. Hacer clic en *"Definir Distribuciones"* y seleccionar la distribución Pert (que suele ser la más utilizada si tiene 3 estimaciones de duración).

5° Llenar los campos de Pert con las duraciones estimadas: mínimo 20 días (optimista), más probable 30 días y máximo 50 días (pesimista). En este caso particular, el gráfico está indicando que existe un 90% de probabilidad de que esa actividad demore entre 23,28 y 41,40 días. Hacer clic en *Aceptar*.

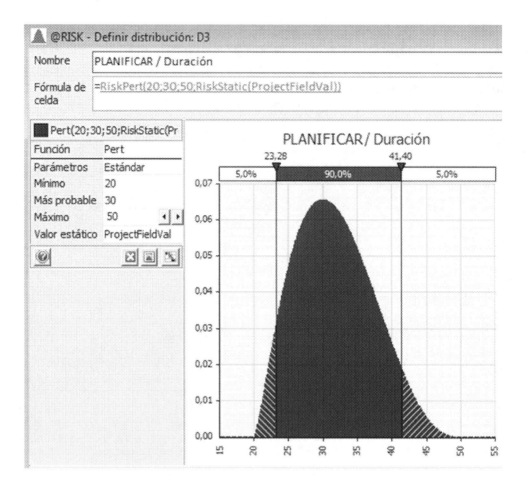

6° Repetir los pasos 4° y 5° para el resto de las actividades.

- Instalar: optimista 80 días, más probable 100 días, pesimista 160 días.
- Pruebas: optimista 30 días, más probable 40 días, pesimista 75 días.

7° Colocarse sobre la celda a la cual se estimará la reserva para contingencias, en este ejemplo, sobre la duración estimada de 170 días. Hacer clic en *Añadir* salida / Aceptar.

8º Completar en el campo *Iteraciones* el número de simulaciones que se quieren correr en el modelo. Por ejemplo, 1000 iteraciones o más otorgarán muy buena información estadística.

Review	View	@RISK
Iteraciones		1000

9º Hacer clic en *Iniciar simulación*. El software elegirá aleatoriamente duraciones para cada una de las actividades, dentro de los límites de la distribución de probabilidad seleccionada y calculará la duración del proyecto. Este proceso se repetirá 1000 veces.

10º Una vez finalizadas las 1000 iteraciones, se obtienen las estadísticas de la duración del proyecto. En este caso particular, lo más probable es que el proyecto demore 182,5 días (ver *Media* en el panel derecho). Este valor es el promedio que se obtuvo luego de simular aleatoriamente 1000 veces lo que hubiera pasado con las duraciones de cada actividad.

Por lo tanto, en lugar de trabajar con una estimación de 170 días, como aparecía en la planificación original, debería planificar 182,5 días y prever una reserva para contingencias de 13 días adicionales (183-170). Sin embargo, esta reserva puede ser baja, ya que la probabilidad de que el proyecto demore 182,5 días o menos, es de solo un 50%. Si queremos más seguridad de no tener retrasos, la reserva para contingencias debería ser mayor. Por ejemplo, los resultados estadísticos también indican que el 95% de las simulaciones arrojaron una duración de 211,7 días o menos (ver 211,7 arriba del gráfico).

En su caso particular, si está siguiendo este ejemplo desde su PC, sus 1000 iteraciones pueden diferir de las de este ejemplo, por lo que diferencias de +/- 1 día suelen ser razonables.

Entonces, si el administrador del proyecto trabaja con una estimación de 212 días, 42 días adicionales al plan original (212-170), tendrá una certeza del 95% de que el proyecto finalice dentro de la agenda.

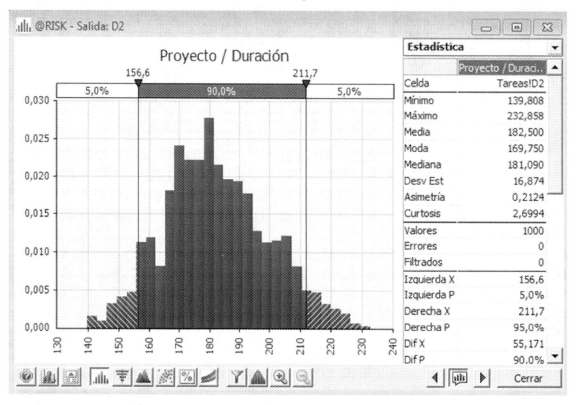

Si quisiera estimar una reserva con alguna probabilidad distinta a la del 50% o 95%, explicadas previamente, puede mover la barra vertical de la derecha del gráfico hasta encontrar la probabilidad deseada. Tenga presente que desde el origen hasta la barra vertical de la izquierda ya hay un 5%.

En el gráfico a continuación, se muestra un ejemplo para una reserva de contingencias que cubra el 80% de los escenarios. En otras palabras, esa reserva estaría dejando al descubierto un 20% de riesgo. Como se puede observar sobre la parte superior del gráfico, existe un 80% de probabilidad que el proyecto demore 197,3 días o menos.

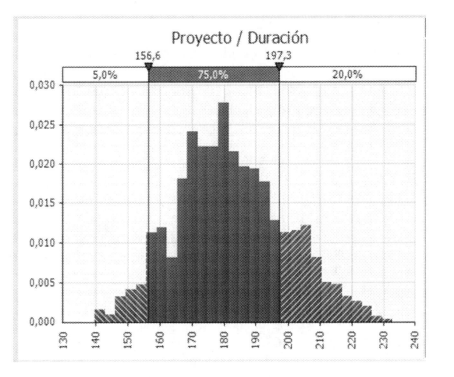

¿Qué hubiera pasado si dejábamos la planificación original de 170 días?

La probabilidad de realizar el proyecto en 170 días o menos es de tan sólo un 24%.

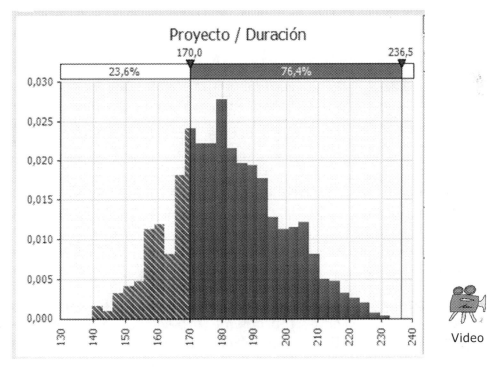

Video

¡Bingo!, ya puedes estimar reservas para contingencias o ya está en condiciones de solicitar a los técnicos de tu empresa que utilicen estas herramientas para planificar mejor el cronograma de sus proyectos.

A.2. SENDEROS PARALELOS

En esta ocasión, nuestro conocido Pedro Pocasuerte debe planificar el mismo proyecto analizado en el apartado anterior, pero con una salvedad: se trata de tres generadores iguales, en lugar de uno solo generador. En la figura a continuación se esquematiza el proyecto.

Nombre de Tarea	Duración optimista	Duración	Duración pesimista		ene	feb	mar	abr	may	jun	
Proyecto x 3	**130 d.**	**170 d.**	**285 d.**								
Generador 1	**130 d.**	**170 d.**	**285 d.**								
Planificar 1	20 d.	30 d.	50 d.		▓▓						
Instalar 1	80 d.	100 d.	160 d.			▓▓▓▓▓▓▓▓					
Pruebas 1	30 d.	40 d.	75 d.						▓▓▓		
Generador 2	**130 d.**	**170 d.**	**285 d.**								
Planificar 2	20 d.	30 d.	50 d.		▓▓						
Instalar 2	80 d.	100 d.	160 d.			▓▓▓▓▓▓▓▓					
Pruebas 2	30 d.	40 d.	75 d.						▓▓▓		
Generador 3	**130 d.**	**170 d.**	**285 d.**								
Planificar 3	20 d.	30 d.	50 d.		▓▓						
Instalar 3	80 d.	100 d.	160 d.			▓▓▓▓▓▓▓▓					
Pruebas 3	30 d.	40 d.	75 d.						▓▓▓		

Cómo se puede observar, este proyecto de tres generadores también debería finalizar dentro de 170 días hábiles, al igual que en el proyecto de un solo generador.

¿Tiene sentido común esta planificación?

¿Cómo puede ser que el proyecto de un generador con tres actividades demore lo mismo que este proyecto de tres generadores con nueve actividades?

¡Ya sé!, dicen los apurados en contestar, como hay tres senderos paralelos está bien que la duración no varíe en relación al proyecto de tres actividades. Sin embargo, esta respuesta carece de lógica estadística. No es posible que un proyecto con pocas actividades demore lo mismo que uno con el triple de actividades. La probabilidad de que algo salga mal aumenta a medida que aumentan las actividades del proyecto.

Por lo tanto, la probabilidad de retraso del proyecto incrementa a mayor cantidad de actividades.

Una vez más, el enfoque tradicional de la ruta crítica no resuelve esta paradoja. Para resolver este problema y planificar con mayor precisión el proyecto, podríamos utilizar la simulación de Monte Carlo.

¿Cuál es la duración más probable de terminación del proyecto?

¿Cuántos días duraría el proyecto como máximo con una probabilidad del 95%?

Repitiendo todos los pasos explicados en el apartado anterior para la simulación de Monte Carlo, se obtienen los resultados estadísticos que se presentan en la figura a continuación.

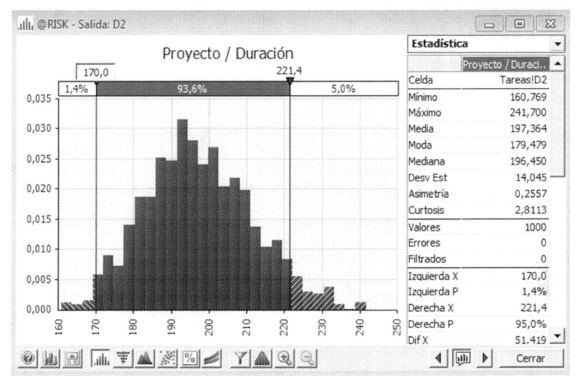

La duración más probable de este proyecto es de 197 días. Por su parte, existe una probabilidad del 95% que el proyecto demore 221 días o menos. Por lo tanto, colocando una reserva de 51 días (221-170) se tendría solamente un 5% de probabilidad de retraso del proyecto.

Se puede apreciar que la duración estimada para el proyecto no solo es superior al enfoque tradicional de la ruta crítica (170 días), sino que también es mayor al proyecto de un generador (183 días era la duración más probable y 212 días cubría el 95% de los escenarios).

Por último, la probabilidad de poder hacer ese proyecto en 170 días o menos, como decía el plan original, es tan sólo del 1,4%, o sea **¡Imposible!**

Aquí tenemos una gran lección, al utilizar técnicas tradicionales que no tienen en cuenta en los cronogramas los recursos críticos, riesgos y reservas para contingencias, estamos firmando el certificado de defunción de un proyecto que con seguridad NO será exitoso y todavía ni siquiera comienza.

A.3. RIESGO DE SENDEROS PARALELOS

Finalmente, Pedro y su equipo de trabajo reformulan con más nivel de detalle el proyecto de 3 generadores con las siguientes duraciones:

Nombre de Tarea	Duración optimista	Duración	Duración pesimista		ene	feb	mar	abr	may	jun	
Proyecto x 3		**173 d.**									
Generador 1	**136 d.**	**169 d.**	**269 d.**								
Planificar 1	19 d.	29 d.	49 d.								
Instalar 1	85 d.	100 d.	150 d.								
Pruebas 1	32 d.	40 d.	70 d.								
Generador 2	**153 d.**	**173 d.**	**223 d.**								
Planificar 2	28 d.	33 d.	43 d.								
Instalar 2	90 d.	100 d.	125 d.								
Pruebas 2	35 d.	40 d.	55 d.								
Generador 3	**127 d.**	**167 d.**	**282 d.**								
Planificar 3	17 d.	27 d.	47 d.								
Instalar 3	80 d.	100 d.	160 d.								
Pruebas 3	30 d.	40 d.	75 d.								

Según el Critical Path Method, las actividades del segundo generador forman la ruta crítica. Por su parte, las actividades del primer y tercer generador tienen holgura.

¿Esto significa que debemos preocuparnos solo por la ruta crítica?

Como vimos previamente esto no necesariamente es así. El administrador del proyecto y su equipo analizan en detalle las actividades y detectan que las actividades con holguras tienen riesgos técnicos y de disponibilidad de recursos.

¿Cuál de los tres senderos es el más riesgoso?

Utilizaremos @Risk for Project para simular mil veces el proyecto y evaluar cuál de los tres generadores estuvo más veces sobre la ruta crítica.

Los pasos para realizar esto son los siguientes:

1º Repetir los pasos desarrollados previamente, incluyendo las nuevas duraciones (optimista, más probable, pesimista) de cada una de las actividades del proyecto.

2º Clic en la ventana Project / Configuraciones del proyecto y tildar Calcular índices críticos.

3º Clic en *Iniciar simulación*.

4º Una vez finalizadas las 1000 iteraciones, hacer clic en *Project / Tablas e informes / Gantt probabilístico* / Aceptar.

5º Buscar en la columna Índice crítico los resultados. En este ejemplo particular, los resultados informan que durante las mil iteraciones, las actividades del primer generador estuvieron un 36,3% de las iteraciones sobre la ruta crítica, las actividades del segundo generador formaron parte de la ruta crítica un 26,1% y las actividades del tercer generador fueron críticas el restante 37,6%. Por lo tanto, se puede concluir que las actividades del primer y el tercer generador son más riesgosas que las actividades del segundo generador.

	A	B	K	L	M	N	O	P	Q	R	S	T	U	V
1	ID	Nombre de tarea	Índice crítico%	ene	feb	mar	abr	may	jun	jul	ago	sep	oct	nov
2	0	Proyecto	n/a											
3	1	Generador 1	n/a											
4	2	PLANIFICAR 1	36,3%											
5	3	INSTALAR 1	36,3%											
6	4	PRUEBAS 1	36,3%											
7	5	Generador 2	n/a											
8	6	PLANIFICAR 2	26,1%											
9	7	INSTALAR 2	26,1%											
10	8	PRUEBAS 2	26,1%											
11	9	Generador 3	n/a											
12	10	PLANIFICAR 3	37,6%											
13	11	INSTALAR 3	37,6%											
14	12	PRUEBAS 3	37,6%											

Una vez más, queda demostrado con este análisis que el método tradicional del Critical Path Method es necesario, pero no suficiente, para gestionar los proyectos de manera eficiente.

Cabe destacar que luego de utiliza el software @Risk, la vinculación de actividades en Microsoft Project podría no ser la apropiada.

1	A	5 días
2	B	10 días
3	C	15 días

Para solucionar este problema sin resetear Microsoft Project: Archivo / Opciones / Programación / Cálculo / Calcular el proyecto después de cada modificación: **Activado**.

Opciones de Project

General	Opciones de programación de este proyecto:
Mostrar	Nuevas tareas creadas:
Programación	Tareas programadas automáticamente programadas p
Revisión	Mostrar duración en:
Guardar	Mostrar trabajo en:
Idioma	Tipo de tarea predeterminado:
Avanzado	☐ Las tareas nuevas están condicionadas por ⓘ el esfuerzo
Personalizar cinta de opciones	☐ Vincular automáticamente las tareas ⓘ insertadas o desplazadas
Barra de herramientas de acceso rápido	☑ Dividir tareas en curso ⓘ
Complementos	☑ Actualizar tareas programadas manualmente al editar vínculos
Centro de confianza	

Opciones de programación de alertas: 📊 @Risk2

☑ Mostrar advertencias de programación de tareas
☐ Mostrar sugerencias de programación de tareas

Cálculo

Calcular el proyecto después de cada modificación:
- ⦿ Activado
- ○ Desactivado

De esa forma, la vinculación entre actividades queda correctamente:

1	A	5 días
2	B	10 días
3	C	15 días

Felicitaciones, terminaste de leer la parte técnica del libro.

ANEXO B - SCRUM

El ataque gana partidos, la defensa y un buen scrum campeonatos

PABLO LANGYEDOT (1971 - ?)
Rugbier

<u>Autora</u>: Cecilia Boggi, PMP

Licenciada en Sistemas

Presidente de ActivePMO

Cuando hablamos de **SCRUM** se podría pensar que es el acrónimo de "Software Cycle Review Unified Methodology" o "Software Creation Require Users Method".[9] Pero en realidad, tiene poco que ver con estos nombres ya que el término Scrum proviene del ámbito del **rugby** y es el nombre que recibe la posición circular entrelazada que forman los integrantes de los equipos haciendo fuerza para ganar la pelota.

---

[9] GABAY, Alejandro. (2011) Metodologías Agiles de Dirección de Proyectos, ORT, Buenos Aires.

El propósito del *scrum* en el rugby es el de reiniciar el juego de manera rápida e imparcial después de una infracción menor. En el *scrum* la pelota de rugby se disputa entre los dos equipos rivales donde no se sabe quién tendrá la pelota, ni hacia donde se atacará. El equipo tendrá que adaptarse rápidamente hacia una jugada ofensiva o defensiva según quien haya conseguido la pelota.

La metodología que hoy se conoce como *Scrum* no nació en la industria del software como muchos creen, sino que surge de un artículo escrito en 1986 por Takeuchi y Nonata sobre un enfoque usado en procesos de fabricación que acelera el desarrollo de nuevos productos, probados en la industria automovilística y en la fabricación de cámaras fotográficas, computadoras e impresoras. En su artículo, Takeuchi y Nonaka relacionan el proceso de fabricación propuesto, donde el proceso es realizado por un equipo multifuncional y con fases muy superpuestas entre sí, con el juego del rugby.

En los años '90 Ken Schwaber y Jeff Sutherland, individualmente, pusieron en práctica estos conceptos en el desarrollo del software y presentaron varios artículos al respecto en la OOPSLA 1995[10] desarrollada en Austin. Posteriormente trabajaron en conjunto para consolidar los conceptos de sus artículos y sus experiencias bajo el nombre de *Scrum*.

En el 2001 Schwaber y Sutherland fueron parte de quienes firmaron el Manifiesto Ágil en Utah.

En el año 2002 Ken Schwaber, autor de varios libros de Scrum, junto a Mike Cohn fundaron la **Scrum Alliance**, que inicialmente formaba parte de la **Agile Alliance**.

Hasta el día de la fecha, un gran número de renombradas empresas adoptaron *Scrum* para sus procesos de desarrollo de software. Podemos mencionar, entre otras a IBM, Apple, Microsoft, Yahoo, Electronics Arts, Google, Siemens, Nokia, John Deere, BBC, Time Warner, etc.

---

[10]   OOPSLA: *"Object-Oriented Programming, Systems, Languages & Applications"* es una conferencia de investigación y desarrollo anual que se lleva a cabo en Estados Unidos y abarca temas relacionados al desarrollo de software orientado a objetos.

B.1 FUNDAMENTOS DEL SCRUM

Scrum es un marco de trabajo ágil y estructurado que permite que talentosos equipos de desarrollo de software en colaboración con sus clientes puedan desarrollar productos innovadores y complejos en un ambiente de confianza y en base a unas pocas reglas simples. Este marco de trabajo plantea una simplificación respecto a las metodologías tradicionales que prosperaron en los años 90's y que podrían ser consideradas como "pesadas".

Los **conceptos** en que se basa Scrum son los siguientes:

- En los proyectos experimentales, los métodos predictivos son menos efectivos que los enfoques iterativo-incrementales que presentan al cliente resultados en forma temprana, sobre los cuales él mismo puede hacer ajustes y correcciones.

- Los equipos de profesionales bien preparados, auto-motivados se desarrollan mejor y producen mejores resultados si trabajan en equipos auto-gestionados en el que cada uno toma responsabilidad sobre su trabajo y se compromete con la calidad siguiendo sus propios procesos para lograrlo.

- La colaboración constante con el cliente y patrocinador tiene más posibilidades de éxito que aquellos proyectos en los que estos interesados se involucran solo en el inicio del proyecto y luego al final para aprobar o no el producto o servicio final. Al tener una colaboración constante, los cambios de requerimientos se podrán detectar rápidamente e incorporar al proyecto en las iteraciones siguientes para entregar al cliente un producto alineado a las necesidades de su negocio.

Scrum se basa en un ciclo de vida iterativo incremental que persigue el objetivo de optimizar la previsibilidad y controlar el riesgo. En *Scrum* cada iteración se denomina "**sprint**" y tiene una duración fija de 2 a 4 semanas. Durante este periodo se realizan los trabajos seleccionados y al finalizar cada sprint se obtiene como resultado un producto de software que provee alguna funcionalidad al cliente.

Para definir cuáles son las funcionalidades que se producirán en el proyecto, se definen los requerimientos del cliente o usuario que se denominan "**user stories**" o historias de usuarios, en un formato narrativo indicando como el cliente o usuario trabajará con el software. La priorización se realiza evaluando las historias de usuario según el valor que le proveen al negocio del cliente y el riesgo inherente de cada una. Las historias de mayor valor y mayores riesgos se desarrollan en los primeros sprints.

El conjunto de todas las funcionalidades que se requiere desarrollar, es decir, el conjunto de todas las historias de usuario, se denomina "**Backlog de Producto**" y el conjunto de historias a desarrollar en cada sprint se llama "**Backlog de Sprint**".

Durante el sprint, cada integrante del equipo toma una historia de usuario y la desarrolla. Cuando finaliza con su trabajo, continuará con otra historia de usuario y así sucesivamente hasta finalizar el sprint.

Marco de trabajo Scrum

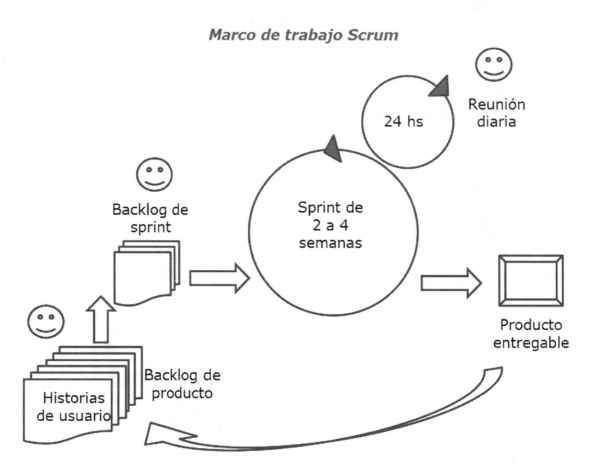

Cuando el sprint llegue a término se contará con un producto de software el cual se podrá validar con el usuario o cliente y obtener una retroalimentación. Lo interesante de esta forma de trabajo es que esta retroalimentación del usuario llega en un momento muy temprano del proceso de desarrollo, dado que el sprint dura como máximo 4 semanas, lo cual genera una muy buena estrategia de gestión de las expectativas de este importante interesado.

B.2 COMPONENTES DEL SCRUM

El Scrum se compone de tres roles, cuatro ceremonias y tres artefactos.

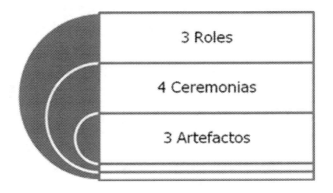

Los Tres Roles Scrum

En los proyectos "Scrum" se definen tres roles principales: El Dueño del Producto, el Scrum Master y el Equipo Scrum.

| Dueño | Scrum Master | Equipo Scrum |

El **Dueño del Producto** es la persona que representa los intereses del usuario o cliente y vela porque el producto desarrollado cumpla con las necesidades del mismo. El Dueño del Producto define las funcionalidades y características del producto, es el responsable de determinar el valor del producto para el negocio y prioriza las funcionalidades en base al valor que provee al negocio cada una. Además, es el responsable de aceptar o rechazar los resultados del trabajo.

El **Scrum Master** es el responsable del proceso de desarrollo, brinda soporte al equipo de desarrollo, lo aísla de interferencias externas y soluciona los problemas que pudieran surgir en el camino para asegurar que el equipo funciona correctamente y es altamente productivo. En general es un especialista técnico, responsable de la arquitectura y de la calidad del desarrollo.

El **Equipo Scrum**, compuesto entre 5 y 9 personas que generalmente trabajan tiempo completo en el proyecto, se integra de profesionales interdisciplinarios, involucrando a programadores, diseñadores de interfaces de usuario, administrador de base de datos, responsables de las pruebas, etc.; quienes cumplen la función de realizar el desarrollo del producto con la calidad requerida. Estos equipos son auto-gestionados y tienen autoridad suficiente para tomar las decisiones que consideren apropiadas, por lo cual se requiere que los profesionales estén altamente formados y capacitados.

Los tres roles mencionados, son los roles principales del entorno Scrum y se autodenominan "**cerdos**", considerando a los otros involucrados del proyecto de desarrollo como "**gallinas**". Estos rótulos surgen de un cuento cuyos protagonistas son un cerdo y una gallina[11].

Cuento – El cerdo y la gallina

Un cierto día se encuentran por la calle un cerdo y una gallina. La gallina saluda al cerdo y le hace una propuesta: *"Hola Chanchi, ¿Qué te parece si abrimos un restaurante?"*

El cerdo mira a la gallina y le responde: *"Buena idea Cocorita! ¿Y cómo se llamaría el restaurante?"*

La gallina piensa un poco y luego contesta: *"¿Por qué no lo llamamos 'Huevos con jamón'?"*

A lo que el cerdo dice: *"Lo siento pero no acepto! Yo estaría comprometido pero tú solamente estarías involucrada"*.

HUEVOS CON JAMÓN

---

[11] Adaptado del libro "Agile Management", de C.P. Puri, Global India Publications, 2009.

Los roles "cerdos" entonces son los que están verdaderamente comprometidos con desarrollar el trabajo del proyecto y el proceso *Scrum* y son los tres que definimos anteriormente: Scrum Master, Dueño de Producto y Equipo de Desarrollo.

Los roles "gallina" son aquellos que no están directamente involucrados en el proceso de desarrollo pero que son también importantes para el proyecto. Estos roles los constituyen los usuarios, los expertos del negocio y otros interesados que participan y proveen retroalimentación sobre el producto obtenido como resultado del trabajo de cada sprint.

Las Cuatro Ceremonias Scrum

En *Scrum* se denominan ceremonias a las **reuniones** que se realizan en el ciclo de vida del proyecto y podemos mencionar cuatro ceremonias: la planificación del Sprint, la reunión diaria Scrum, la reunión de revisión del Sprint y la retrospectiva del Sprint.

Planificación del Sprint

Esta reunión que se realiza previamente al inicio del Sprint, tiene por objetivo definir cuál es el trabajo y los objetivos que se perseguirán en el Sprint. A partir del Backlog de Producto, se seleccionan las historias de usuario que se van a incluir en el sprint, de acuerdo a la priorización realizada en base al valor que le proveen al negocio y a los riesgos inherentes en las mismas.

Reunión diaria Scrum

 Esta es la reunión de seguimiento del avance del Sprint y se realiza **diariamente**, siempre a la misma hora, por un lapso de **no más de quince minutos** y de pie.

El objetivo de esta reunión es repasar al avance de cada tarea y el trabajo previsto para la jornada. A esta reunión pueden asistir todos quienes lo deseen pero sólo tiene permiso para hablar los integrantes del Equipo Scrum, el Scrum Master y el Dueño del Producto.

Cada miembro responde en forma concisa a tres preguntas:

- ¿Qué trabajo se realizó desde la reunión anterior?
- ¿Qué trabajo que se va a realizar hasta la próxima reunión?
- ¿Qué problemas o impedimentos se visualizan para realizar el trabajo?

Durante la reunión diaria de Scrum no se resuelven los problemas, sino que se programan para tratar posteriormente entre quienes les afecta directamente. Llevando a cabo esta corta reunión diaria se evitan otras reuniones innecesarias.

Revisión del Sprint

En la reunión de Revisión del Sprint el equipo presenta el trabajo realizado durante el sprint. Generalmente se prepara una demostración de las funcionalidades desarrolladas, sin utilizar presentaciones de diapositivas, participa todo el equipo y se invita a todos los involucrados.

Retrospectiva del Sprint

Después de finalizado el sprint el equipo completo se reúne para analizar qué funcionó bien y qué aspectos habría que mejorar, en esta ceremonia que dura de 15 a 30 minutos, denominada Retrospectiva del Sprint.

El equipo completo discute sobre lo que ellos identifican que:

- Se debe comenzar a hacer
- Se debe dejar de hacer
- Se debe continuar haciendo

Los Tres Artefactos Scrum

El *Scrum* utiliza tres artefactos o elementos básicos: Backlog de Producto, Backlog de Sprint y Sprint Burndown Chart.

Backlog de Producto

El Backlog de Producto es el inventario de funcionalidades que el Dueño del Producto desea obtener como resultado del proyecto, priorizando de acuerdo al valor que cada funcionalidad le provee al negocio. Contiene todos los requisitos del proyecto definidos por el Dueño del Producto, según las necesidades del Cliente o Usuario, al inicio del proyecto, en formato de Historias de Usuarios.

Las Historias de Usuario contienen una descripción narrada de la forma en que el usuario o cliente trabajará con el software y serán utilizadas para planificar, estimar y priorizar el trabajo. Adicionalmente contienen los criterios de prueba y aceptación que permitirán definir que se ha completado el desarrollo de cada Historia de Usuario.[12]

Durante la planificación, el equipo Scrum estimará el esfuerzo de desarrollo de cada Historia de Usuario, ya sea en horas o en unidades de medida llamadas "Puntos de Historia" que indican el tamaño relativo de las mismas.

El Backlog de Producto es un documento en constante evolución, al que se le pueden agregar y quitar funcionalidades como consecuencia de los cambios que surjan en las necesidades del negocio y se le revisan las prioridades al inicio de cada sprint. Está disponible para todas las personas que intervienen en el proyecto. Todos pueden contribuir y aportar sugerencias, pero el responsable del Backlog de Producto es el Dueño del Producto.

---

[12]   Adaptado del libro "User Stories Applied for Agile Software Development", de Mike Cohn, Addison – Wesley, 2004.

Backlog de Sprint

El Backlog de Sprint contiene las funcionalidades que se han designado para desarrollar en el Sprint corriente.

En base a las prioridades designadas por el Dueño del Producto, el equipo selecciona las funcionalidades que considera que podrá desarrollar durante el período del sprint, de acuerdo a las estimaciones de dichas funcionalidades y a la velocidad del equipo en el desarrollo de las mismas. Con las funcionalidades seleccionadas se conforma el Backlog de Sprint.

Durante el desarrollo del Sprint cada integrante del equipo se auto-asigna los trabajos a realizar, tomándolos del Backlog de Sprint. Una vez completado el trabajo, se asigna otro trabajo y así hasta completar el sprint.

Día a día se estima el trabajo restante del Sprint. Este trabajo restante se representa en el diagrama denominado Sprint Burndown Chart.

Durante el desarrollo del Sprint, el backlog de Sprint no admite cambios ni agregados, excepto que esto sea definido por el propio equipo Scrum. Cualquier cambio que surja se impactará sobre el Backlog de Producto y se incorporará en Sprints sucesivos de acuerdo a sus priorizaciones.

Sprint Burndown Chart (Gráficos de trabajo pendiente)

El Sprint Burndown Chart es un diagrama que utiliza el equipo Scrum para hacer seguimiento de avance del trabajo de cada sprint. Es una representación gráfica, día a día del valor estimado correspondiente al trabajo restante que queda realizar del Backlog de Sprint.

Al iniciarse el Sprint, el valor del gráfico representa las horas o los Puntos de Historias estimados para la totalidad de las historias de usuarios comprendidas en el Sprint.

A medida que se van desarrollando las historias de usuario, se restan las horas o puntos de historias "quemados", hasta finalizar el sprint.

El objetivo de cada Sprint es llegar al plazo, recordemos que el plazo es siempre fijo, con el Burndown Chart en valor cero. Caso contrario, habrá historias de usuarios que habrán quedado pendientes para volver a priorizar e

B.3 CÓMO ADOPTAR SCRUM

Como las metodologías ágiles en general y *Scrum* en particular, pareciera que algunas organizaciones deciden incursionar en esta moda sin estar preparadas para ello. A veces por curiosidad, o bien por creer que estas nuevas metodologías les resolverá todos los problemas de sus proyectos, algunos equipos de proyecto toman la decisión de adoptar *Scrum*.

En general, abordan el cambio incorporando algunas de las prácticas de *Scrum* en sus proyectos: incorporan los backlogs de Producto y de Sprint, las reuniones diarias y ciclos de desarrollo en intervalos cortos como los Sprints. En estos casos las mejoras, si se producen, son relativamente pequeñas y probablemente no compensen a la problemática adicional que generará incorporar el nuevo modo de trabajo sobre una cultura organizacional que no está preparada.

Por otro lado, otras organizaciones saben que el cambio no sólo implica modificar algunas prácticas superficialmente, que afecte solamente a los programadores o al equipo técnico del proyecto, sino que necesita una **cultura adecuada** en la organización.

El éxito en la adopción de un modelo de gestión del tipo *Scrum*, no depende del nivel profesional y de responsabilidad de un profesional designado como *Scrum* Master; tampoco alcanza tener un equipo altamente preparado y motivado; ni el mejor de los Dueños de Producto. Sino, que se requiere también que la cultura de la organización y sus proyectos sean coherentes con el modelo.

Será necesario que la dirección provea de los recursos para la puesta en marcha y el funcionamiento de las prácticas ágiles y la formación adecuada de las personas, tanto del equipo como los otros involucrados. Entre ellos, es fundamental que los clientes o usuarios finales comprendan su importante rol y participación en el proyecto.

De forma ininterrumpida se deberá **monitorear** la implantación y el funcionamiento de *Scrum* para poder identificar los inconvenientes que surjan para que el equipo pueda lograr el objetivo de cada sprint y las prácticas o decisiones en la organización que impidan o dificulten seguir la metodología *Scrum*.

Algunos de los inconvenientes que se vislumbran en la implementación de *Scrum* están relacionados con la necesidad de la dirección u otros actores de tener un plan completo y detallado al inicio del proyecto, con estimaciones casi inamovibles del alcance, los plazos y los costos finales del proyecto, es decir, un modelo predictivo. Si este es el caso, será necesario "convencer" a la dirección acerca de los beneficios del modelo antes de poder iniciar el recorrido.

También es comúnmente encontrar, en las primeras experiencias con *Scrum*, cierta deficiencia en las habilidades y experiencias del equipo de trabajo. En el modelo *Scrum*, el **equipo se auto-gestiona**. Esto significa que los integrantes del equipo deberán estar altamente motivados y preparados para asignarse los trabajos y comprometerse en su desarrollo. La falta de motivación, compromiso, comunicación y habilidades técnicas en el equipo redundará en dificultades para llevar adelante exitosamente el proyecto.

Tener en cuenta en la adopción de *Scrum*, que el Cliente o Usuario Final del producto del proyecto tiene que tener total claridad respecto a cómo será gestionado el alcance del proyecto. ¿Qué queremos decir con esto? Hemos comentado que al iniciarse el proyecto, durante la planificación inicial y definición del Backlog de Producto, se definen y documentan los requerimientos en forma de historias de usuario. El Cliente podría esperar que todas las historias definidas serán desarrolladas durante el plazo establecido para el proyecto. Sin embargo, esto puede no ser así. A medida que avanza el proyecto y surgen los "bienvenidos cambios", propios de las metodologías ágiles, las historias de usuarios que provean mayor valor al negocio serán incluirán en los sucesivos sprints y podría suceder que algunas de las historias definidas en primera instancia, queden sin ser incluidas en el producto final, al menos en la versión actual del producto. Si el Cliente no tiene claramente definido este punto, suele ocurrir que espera que se desarrollen todas las funcionalidades definidas en el Backlog de Producto, además de todos los cambios que vayan surgiendo en el transcurso del proyecto, generando conflictos e insatisfacción.

Una forma de demostrar el valor del modelo *Scrum* es comenzar con la implementación de las prácticas sobre un proyecto piloto. Es conveniente que el proyecto seleccionado tenga una cierta criticidad para el negocio a fin de poder demostrar los beneficios de entregar funcionalidad en forma temprana. Considerar la capacitación en el modelo para todos los participantes, incluyendo a los clientes y usuarios claves, quienes deberán apoyar y dar testimonio de los beneficios obtenidos.

La adopción de Scrum es un esfuerzo de la organización

en todas sus dimensiones.

ANEXO C - KANBAN

Nunca desistas de un sueño.
Sólo trata de ver las <u>señales</u> que te lleven a él.

PAULO COELHO (1947-?)
Escritor brasileño

<u>Autor</u>: Esteban Zuttion, MBA, CSDP (IEEE)

Ingeniero en Sistemas

Gerente de Tecnología de Neuralsoft

C.1 INICIOS DE KANBAN

Kanban significa **señal o letrero** en japonés y es el nombre que se le da al mecanismo que se implementa a través de una tarjeta, la cual va fluyendo desde la recepción de la orden, hasta que el trabajo se encuentra terminado. Cada punto intermedio del proceso sabe que tarea procesar a partir de la tarjeta Kanban que contiene la información necesaria.

Kanban es utilizado como parte central de Lean, que surge como un paradigma de producción introducido en los años 40 en Japón por Toyota como contraposición a los esquemas de producción masiva de los grandes productores norteamericanos. El desafío consistía en lograr bajos costos de producción, ya que por esos tiempos la gente en Japón no disponía de muchos recursos y además el país contaba con un mercado mucho menor que el de las empresas americanas. Estas últimas se basaban en líneas de producción masivas, que al fabricar automóviles para un mercado importante en volumen, permitían bajar considerablemente los costos. El desafío en Toyota era lograr bajos costos, con volúmenes mucho más reducidos.

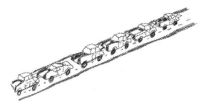

Como producto de esta necesidad emerge el Sistema de Producción Toyota, ideado por Taiichi Ohno.

¿Cuáles fueron los resultados?

La industria Japonesa, a través de la introducción de innovadoras maneras de producción, lograron una reducción del 50% en los esfuerzos de ingeniería y lograron reducir el tiempo de desarrollo en un tercio comparándolo con los enfoques tradicionales. Esos resultados demostraron que introducir cambios en las fases finales de producción eran mejores que los cambios realizados durante la etapa de diseño.

Las empresas americanas, para reducir costos, desarrollaron sus procesos de producción en serie, con muy poca participación de los proveedores durante el mismo. Como resultado de ello se alargaban los procesos de producción debido a la necesidad de incorporar las necesidades de los usuarios tempranamente tal que pudieran ser incorporados al inicio del proceso. En cambio, las empresas japonesas privilegiaron el desarrollo rápido, el acortamiento del ciclo de producción, dejando las decisiones de diseño para las últimas fases de desarrollo.

"No decida que desarrollar hasta tanto no tenga una orden, una vez que la tenga desarrolle el producto lo más rápido que sea posible"

El paradigma seguido por las empresas japonesas fue Lean Development y fue adoptado por varias compañías alrededor del mundo en la década de los 90´.

C.2 PRINCIPIOS DE LEAN DEVELOPMENT

Los principios seguidos por Lean Development son los siguientes:

- **Eliminación de desperdicios**: todo aquello que no agregue valor al cliente es considerado un desperdicio. Por ejemplo: toda espera, almacenaje intermedio, transporte, paso extra, etc.

- **Amplificar el aprendizaje**: generar ciclos cortos, que dejen aprendizaje para la toma de decisiones y mejora del ciclo.

- **Tomar decisiones de diseño lo más tarde posible**: desarrollo concurrente, por sobre desarrollo secuencial.

- **Realizar las entregas lo más rápido posible**: reducir el trabajo en progreso, entregar rápido reduciendo el riesgo. Implementación de un sistema "Pull".

- **"Empoderar" al equipo**: lograr un equipo motivado, liderazgo por sobre gerenciamiento controlado.

- **Desarrollar un producto** sólido e íntegro: balanceo entre funcionalidad, usabilidad, confiabilidad y economía que logre satisfacer a los usuarios.

- **Ver el todo**: visión sistémica del proceso de desarrollo con sistemas dinámicos y el uso de mediciones.

Dentro de lo que Lean propone como "Sistema Pull" y bajo la utilización de los conceptos de "Justo a tiempo", surge el mecanismo denominado Kanban. El mismo sirve de base para coordinar las tareas de los operarios de la empresa y todo el mecanismo de relacionamiento con los proveedores de las partes que son necesarias para elaborar los productos solicitados.

C.3   KANBAN EN EL DESARROLLO DE SOFTWARE

El proceso de desarrollo de software puede ser visto claramente bajo los mismos patrones que son utilizados para analizar un proceso de producción como los implementados por las automotrices japonesas en las últimas décadas.

La utilización de las "Kanban" en el desarrollo de software se implementa a través de una pizarra que visualiza las "ordenes de trabajo" que deben ser procesadas.

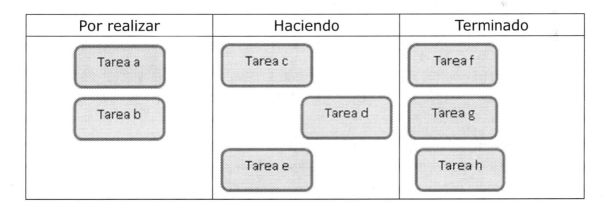

Por realizar	Haciendo	Terminado
Tarea a	Tarea c	Tarea f
Tarea b	Tarea d	Tarea g
	Tarea e	Tarea h

La pizarra implementa la lista de solicitudes "A realizar" (backlog) que deben ser procesadas. Estas características son similares a las descriptas para Scrum, donde las solicitudes son implementadas en tarjetas, administradas a través de una pizarra, desde el cual los integrantes del equipo "retiran" (pull) las que van a ser procesadas y las trabajan hasta su finalización.

Procesos de desarrollo

El proceso de desarrollo puede ser visto como un esquema de colas (listas de trabajo), que se suceden en diferentes momentos del proceso, las cuales van almacenando las ordenes de trabajo, entre las diferentes etapas del ciclo de desarrollo. Cuando estas colas de trabajo comienzan a crecer, frenando las tareas por diferentes motivos, los tiempos del ciclo de desarrollo comienzan a estirarse y la finalización de las solicitudes se atrasa. Los problemas pueden ser variados, puede haber una sobrecarga de trabajo en una etapa del ciclo, por ejemplo durante el análisis, pueden necesitarse finalizar "partes" del producto para continuar con el desarrollo, como sucede con los casos de prueba de una solicitud para poder comenzar con el testeo.

Como vimos previamente, uno de los principios de Lean es el de reducir el ciclo de trabajo, en este contexto, el desafío se traduce en cómo hacer para que esas "colas" intermedias de órdenes sean reducidas al mínimo y que la operatoria fluya dinámicamente, sin frenarse a lo lardo del ciclo de desarrollo. Para saber en qué medida se está logrando este objetivo, Lean y Kanban proponen el uso de una métrica específica denominada Tiempo de Ciclo (o Cycle time en inglés). El desafío, queda claro, es lograr el menor tiempo posible en este indicador.

Siguiendo la teoría de colas, existen dos aspectos a ser analizados para medir cuán eficiente se transforma el flujo de trabajo, uno es medir los arribos (a cada cola, cuántas unidades llegan por unidad de tiempo) y otro es medir el tiempo de servicio (cuántas unidades se procesan por unidad de tiempo). Una forma de contrarrestar un ratio importante de arribos es empaquetar pequeños grupos de órdenes para ser entregadas rápidamente. De esa forma la cola de entrada no llega a acumular demasiadas peticiones, caso contrario, si se tarda mucho tiempo en el procesamiento (si los lotes son muy grandes) la cola toma mayores dimensiones.

El otro aspecto a controlar es el tiempo de servicio, en nuestro caso de desarrollo de software, serán las actividades propias del desarrollo. Si queremos acelerar el ciclo de desarrollo, el tiempo de cada instancia del proceso será crucial. Cualquiera de esos "procesadores" que trabaje a menor nivel de respuesta que los otros, comenzará a provocar un incremento en su cola de entrada, que enlentecerá el proceso de desarrollo. El ciclo puede ser visto como un flujo de trabajo, en el que cada etapa del mismo agrega valor al producto ingresado (solicitud), hasta que el mismo se transforma en un producto final que agrega valor al usuario (software funcionado).

Marco de trabajo

El marco de trabajo propuesto por Kanban posee las siguientes características:

- Un tablero que permita visualizar el flujo de trabajo de manera clara y completa.

- El trabajo es dividido en bloques, que son una especie de etapas por las que va pasando una solicitud desde su inicio hasta su completitud.

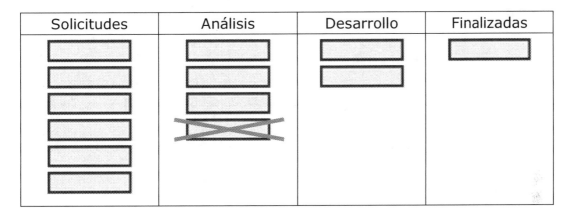

Solicitudes	Análisis	Desarrollo	Finalizadas

Utilizando el tablero se intentan controlar dos aspectos fundamentales del proceso:

- El trabajo en progreso, al cual se le asignan valores concretos de cuánto trabajo puede estar en progreso en cada estado del ciclo de desarrollo. Esta restricción permiten que cada estación de trabajo se concentre en un número finito y bajo, de actividades concurrentes, lo que conduce a trabajar rápidamente con los lotes pequeños, reducir las pérdidas de tiempo por el procesamiento paralelo y lograr ciclos de desarrollo más cortos.

- El tiempo medio que lleva al proceso para completar un elemento.

Beneficios de Kanban

¿Qué aporta Kanban a un proceso de desarrollo de software?

- Visualizar todo el flujo de trabajo que se encuentra en progreso.

- Identificar los "cuellos de botella", aquellas actividades que están frenando la elaboración de los productos, atrasando la puesta en producción del software.

- Facilitar el aprendizaje continuo de todo el equipo, al trabajar de manera integrada.

- Permitir que sea el mismo equipo el que dirige las acciones. Son los integrantes del equipo quienes "sacan" (pull) las órdenes que serán avanzadas en el flujo de trabajo.

Axioma perseguido:

- Dado que queremos entregar valor rápidamente, pretendemos limitar la cantidad de trabajo a realizar en cada momento.

- Queremos finalizar los ítems antes de empezar otros nuevos.

Se busca eliminar el tiempo que pasan los ítems esperando innecesariamente. Ejemplos:

- Se solicita cierta funcionalidad, se incorpora a una lista de solicitudes a ser desarrolladas, ¿cuánto tiempo pasa esa solicitud en la lista sin ser atendida?

- Se analiza una solicitud, ¿cuánto tiempo pasa hasta que la misma es estimada y es asignada para su desarrollo?

- Una vez desarrollado, se encuentra listo para su testeo, ¿cuánto tiempo pasa hasta que la misma es probada?

- Se encuentran errores, ¿cuánto tiempo pasa hasta que los mismos son corregidos?

- El producto está listo, ¿cuánto tiempo pasa hasta que es puesto en producción?

Si elimináramos esos tiempos, lograríamos que:

- El producto solicitado esté en producción, agregando valor al cliente, mucho más rápidamente.

- De esa forma, podríamos tomar más rápido otro ítem para iniciar su procesamiento.

- Entonces, lograríamos atender y entregar muchas más solicitudes en la misma cantidad de tiempo.

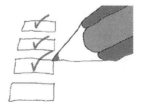

¿Por qué Kanban?

Se siguen los lineamientos de Kanban para:

- No construir funcionalidades que nadie necesita en este momento.

- No escribir más especificaciones que las que se pueden codificar.

- No escribir más código que el que se puede testear.

- No testear más código que el que se va a entregar.

Costo producido por los atrasos (Pérdidas)

Como vimos, uno de los pilares de Kanban trata de reducir las pérdidas. Ahora bien, ¿cómo interpretamos las pérdidas en un proceso de desarrollo de software?

Los aspectos que producen atrasos en el desarrollo son:

- Retrabajo: defectos, fallas, etc.

- Costos operacionales: planificación, generación de release, entrenamiento, etc.

- Costo de coordinación: cronogramas, recursos, etc.

Mediante Kanban, se pretenden minimizar esos costos, a través de:

- Trabajar sobre lotes pequeños, solicitudes puntuales, las cuales son rápidamente desarrolladas y que soportan en todo su ciclo de trabajo potenciales cambios, cuya introducción al producto, minimizan los costos relacionados. El mismo proceso está pensado para que la identificación e introducción de cambios sea transparente, con bajo impacto sobre el producto.

- Al trabajar sobre bajos volúmenes de productos "en proceso", el esfuerzo demandado por tareas administrativas, de planificación y control, son mínimas. Solamente se pone el foco en el control de dos parámetros, el tiempo de ciclo y el máximo de solicitudes que pueden ser procesadas por cada estado del ciclo. El proceso a ser seguido es muy sencillo, no demanda importantes entrenamientos y la generación de valor, o releases liberados, se dan de menara continua, con un mínimo impacto en el entorno de trabajo del solicitante.

Dinámica de trabajo

La dinámica de trabajo se da de manera continua, tal cual el flujo de producción lo propone.

Las solicitudes van llegando a la lista, en donde se priorizan. El equipo de trabajo va "sacando" de la lista las solicitudes a ser trabajados.

Las mismas van fluyendo a través del flujo de trabajo definido. Se controla que no se superen los límites definidos. Si en algún caso (estado) se llega a un límite, el equipo se preocupa por descomprimir los cuellos de botella, por sobre el tomar nuevas solicitudes.

¿Cómo se coordinan las actividades?:

- Primero a través de un tablero visible para todo el equipo.

- Luego a partir de reuniones rápidas de seguimiento, en la cual un facilitador controla los siguientes aspectos:

    o ¿El tablero representa la realidad?

    o ¿Existe alguna solicitud que esté bloqueando el trabajo?

    o ¿Se presentan cuellos de botella en algún estado?

    o ¿Se está cerca de superar algún límite definido?

- Luego de la reunión se actualizan los indicadores (tiempo de respuesta y ciclo) y el tablero.

Indicadores

Los dos indicadores por excelencia de Kanban son tiempo medio de respuesta (lead time) y tiempo del ciclo (cycle time).

El tiempo de respuesta comienza cuando el cliente realiza una solicitud y finaliza cuando la misma le es entregada y está lista para su uso. Es medido en tiempo, no en esfuerzo. Por su parte, el tiempo de ciclo comienza cuando el trabajo sobre la solicitud comienza y finaliza cuando la misma está lista para su entrega.

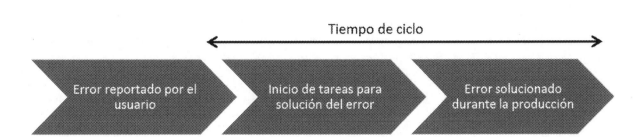

Tiempo de respuesta

Tiempo de ciclo

| Error reportado por el usuario | Inicio de tareas para solución del error | Error solucionado durante la producción |

Otro aspecto conocido para controlar la performance del proceso es el llamado rendimiento (throughput). Este es el ratio de entregas de valor que se realizan al cliente durante la producción. Este indicador combina el tiempo de respuesta y ciclo, indicando la cantidad de funcionalidades que pueden ser realizadas en un tiempo dado.

¿Cómo logramos reducir el tiempo de ciclo?

A través de las siguientes acciones:

- Reduciendo la cantidad de solicitudes que se encuentran "en proceso".

- Mejorando la productividad o tiempo de resolución en los diferentes estados (tiempo de procesamiento).

- Reduciendo el re-trabajo.

- Logrando visibilidad de todo aspecto que esté bloqueando el trabajo.

- Logrando que cada solicitud posea un tamaño adecuado, para ser manejada de manera ágil y le agregue valor al cliente. Esto es conocido como MMF: Minimal Markable Feature. Estos MMF son descompuestos en historias, solicitudes cuya información es estructurada en tarjetas (Kanban) y Tareas, para ser administrados a través de un tablero como vimos anteriormente.

C.4 CONCLUSIÓN SOBRE KANBAN

Kanban es otro de los marcos de trabajo que siguen los principios descriptos en el manifiesto ágil.

A diferencia de otros enfoques, Kanban, se alinea en mayor medida a la idea de flujo continuo de trabajo, donde cada solicitud, luego de ser priorizada, es desarrollada individualmente. A diferencia de ello, por ejemplo SCRUM, incorpora el concepto de lotes que agrupan funcionalidad y definen períodos fijos de tiempo en los cuales los mismos son entregados.

Kanban es un excelente marco de trabajo para ser incorporado en todos aquellos casos en los que se presenten algunas de las siguientes características:

- Se requiere rápida respuesta ante cada pedido.

- Se requiere un procesamiento continuo, no ante períodos definidos de tiempo.

- Se posee un equipo de trabajo con capacidad para auto gestionar su trabajo y tomar decisiones de compromiso para acelerar los tiempos y las entregas.

- Se deben incorporar características y cambios, en etapas tardías del ciclo de desarrollo.

BIBLIOGRAFÍA

BUTTRICK, Robert. (2010) Project Workout. Prentice Hall, New York.

COHN, Mike. (2004) User Stories Applied for Agile Software Development, Addison – Wesley, Boston

DAILEY, Kenneth. (2005) The Lean Manufacturing Pocket Handbook, Free Press, New York.

GEORGE, Michael M. (2005) The Lean six Sigma. Mc Graw Hill, New York.

GOODPASTURE John C. (2010) Project Management the Agile Way: Making It Work in the Enterprise. Ross Publishing, Florida

GONÇALVES Marcus (2010) Fundamentals of Agile Project Management: An Overview. Asme Press, New York.

HIGHSMITH James A. (2009) Agile Project Management: Creating Innovative Products. Adisson Wesley, New York

KNIBERG Henrik (2010) Kanban and Scrum - making the most of both. InfoQ, USA

LIKER, Jeffrey. (2004) The Toyota Way: 14 Management Principles From The World's Greatest Manufacturer. Free Press, New York.

MANTEL, Meredith. (2006) Project Management: A managerial approach. John Wiley & Sons, New Yersey.

MASCITELLI, Ronald. (2011) Mastering Lean Product Development: A Practical, Event-Driven Process for Maximizing Speed, Profits, and Quality.

MASCITELLI, Ronald. (2006) The Lean Product Development Guidebook: Everything Your Design Team Needs to Improve Efficiency and Slash Time to Market. Technology Perspectives. Technology Perspectives, California.

MASCITELLI, Ronald. (2002) Building a Project-Driven Enterprise: How to Slash Waste and Boost Profits through Lean Project Management. Technology Perspectives, California.

PRITCHARD, Carl. (2010) Risk Management: Concepts and Guidance 4th edition. ESI International, Virginia.

Project Management Body of Knowledge (PMBOK Guide). (2013) Project Management Institute, Pensilvania.

PURI, C. P. (2009) Agile Management: Feature Driven Development, Global India Publications, Nueva Delhi.

WOMACK, James P.; JONES, Daniel T.; ROOS, Daniel. (2010) Lean Thinking: Banish Waste and Create Wealth in Your Corporation, Revised and Updated. Free Press, New York.

WOMACK, James P.; JONES, Daniel T.; ROOS, Daniel. (2007) The Machine That Changed the World : The Story of Lean Production. MIT Press.

WOMACK, James P.; JONES, Daniel T. (2005), Lean Solutions : How Companies and Customers Can Create Value and Wealth Together. Free Press, New York.

SCHWABER Ken (2004) Agile Project Management with Scrum. Microsoft Press, Washington

GESTIÓN LEAN Y ÁGIL DE PROYECTOS

¿Cómo ser más ágiles en nuestros proyectos?

Las filosofías lean y ágil son términos que definen técnicas modernas para hacer más eficientes y veloces nuestros proyectos, sin agregar más costos ni reducir la calidad.

Los cinco principios del pensamiento "lean" nacen en la década del 90´ en la industria automotriz japonesa. En resumen este enfoque sirve para mejorar la eficiencia en los proyectos de producción masiva, poniendo énfasis en agregar valor al cliente y eliminando los desperdicios del flujo de valor del proyecto.

Diez años más tarde, se populariza el manifiesto para la gestión ágil de proyectos de software y sus doce principios de la corriente "ágil". Estas ideas nos invitan a no ser demasiado estrictos con los planes y procesos, ya que el contexto cambia de manera permanente, y tenemos que ser flexibles con nuestro cliente para adaptarnos rápidamente a esos cambios, si queremos entregar rápido los entregables que nos están solicitando.

De estas dos corrientes, una enfocada a proyectos de producción masiva y la otra a proyectos de software, en este libro desarrollaremos ideas 100% prácticas para mejorar la eficiencia y velocidad durante la gestión de cualquier tipo de proyectos. No sólo eso, sino que varios de los conceptos de este libro nos permitirán ser líderes más ágiles en las actividades diarias que llevamos a cabo.

Su autor, **Pablo Lledó**, ha escrito ocho libros sobre Dirección de Proyectos, algunos de ellos publicados con las Editoriales más importantes del mundo. El autor afirma que las ventajas de este libro son:

- Comprender la filosofía lean y ágil de una manera muy simple
- Aprender lecciones de más de 20 casos reales
- Fijar conocimientos con más de 10 ejercicios prácticos
- Ahorrar tiempo y dinero en relación a otros libros
- Ser mejores Directores de Proyectos

Pablo Lledó es PMP, Master of Science in Project Analysis (University of York), MBA en Dirección de Proyectos (Universidad Francisco de Vitoria), MBA en Negocios Internacionales (Universitat de Lleida) y Licenciado en Economía (Universidad Nacional de Cuyo).

Ha capacitado a más de 15.000 ejecutivos de empresas internacionales alrededor del mundo, se desempeña como Director de **MasConsulting** (PMI Consultant Registry) y recibió el premio internacional PMI Contribution Award.

"PMI" y "PMP" son marcas registradas por el Project Management Institute, Inc.

www.pablolledo.com